FOURTH EDITION

Voilà!

AN INTRODUCTION TO FRENCH

Cahier d'activités écrites

L. Kathy Heilenman

University of Iowa

Isabelle Kaplan

Bennington College

Claude Toussaint Tournier

Northwestern University

HEINLE & HEINLE
— ★ —
THOMSON LEARNING

United States ◆ Australia ◆ Canada ◆ Mexico ◆ Singapore ◆ Spain ◆ United Kingdom

HEINLE & HEINLE
™
THOMSON LEARNING

Voilà!
Fourth Edition
Cahier d'activités écrites
Heilenman/Kaplan/Toussaint Tournier

Publisher: Wendy Nelson
Marketing Manager: Jill Garrett
Senior Production & Developmental Editor Supervisor: Esther Marshall
Developmental Editor: Tom Pauken
Associate Marketing Manager: Kristen Murphy-LoJacono
Senior Manufacturing Coordinator: Mary Beth Hennebury
Composition: Greg Johnson/Art Directions
Project Management: Anita Raducanu
Cover Design: Sue Gerould, Perspectives
Printer: Mazer Corp.

Credits
p. 128   *Télé 7 Jours,* n° 1882, 22–28 juin 1996
p. 140   Rev'Vacances–Mondail Tours, Paris

Printed in the United States of America
1 2 3 4 5 6 7 8 9 10   05 04 03 02 01

For more information contact Heinle & Heinle, 20 Park Plaza, Boston, MA 02116 USA,
or you can visit our Internet site at http://www.heinle.com

ISBN: 0-8384-1143-6

Table des matières

Preface

The **Cahier d'activités écrites** workbook for *Voilà!* contains exercises and activities that use the vocabulary and structures of each lesson, *thème et version* exercises, and a guided writing activity. The **Cahier d'activités écrites** is also available in an online alternative version, through Blackboard and WebCT.

Organization. Each lesson is divided into five parts.

- *Activités de vocabulaire.* Word associations, definitions, categorization, completion, and other creative activities encourage students to process new words in terms of the French they already know and to learn vocabulary as semantic fields.

- *Activités de structure.* Activities based on the structure for each lesson provide practice in manipulating grammar.

- *Thème et version.* Students are encouraged to use translation to see that two languages are never exact equivalents.

- *Et pour finir.* A writing activity based on the vocabulary and structure of each lesson that helps students learn how to write. References to the *Vocabulary, Grammar,* and *Phrases* indexes contained in the writing software package *Système-D* are included in the boxes.

- *Vocabulaire facultatif.* Additional vocabulary helpful to many students.

To the Student: Suggestions for Use

- *Activités de vocabulaire.* Use your imagination and write as much as you can. Try looking back to previous vocabulary lists so that you're continually reviewing what you've already learned. Pay attention to gender and check your spelling!

- *Activités de structure.* Before you start each activity, go back and rapidly review that section in your textbook. Then, try to do as much as you can without looking anything up. After that, look up what you need. As you do each activity, pay attention to meaning. Don't just fill in the blanks without thinking. And, check your spelling!

- *Thème et version.* When you're putting French into English, try to think of how you'd get the same idea across. It's probably not a word-for-word translation. Then, when you've finished, read what you've done out loud. Would you really say that? Is it normal, natural English?

    If you're having trouble putting English into French, try breaking the task down into steps. Find the verbs that are conjugated and put them in the correct form. Find all the noun-adjective combinations and make all adjectives and articles agree with their nouns. Cross out all the words that you've already accounted for in your translation. Look at what's left. Write down the French words you'll need. Now, look for anything that might be tricky (idioms, vocabulary, etc.). Put your sentence together and read it out loud a few times. Does it sound right?

- *Et pour finir.* Don't just start writing. Think about what you're doing first. Jot down a few notes. Don't worry about complete sentences, spelling or grammar yet—just get your ideas down. Try to write in French, but if you can't think of a word, don't worry. Write it down in English but keep in mind that if you write too much English you'll end up translating it and that is much harder (and less likely to be correct) than if you stick to the French you know. Expect to be frustrated. You'll want to say a lot more than you can, but you can't! After all, if you could say everything you wanted to in French, you wouldn't be using this workbook.

If you have access to the writing software, *Système-D,* use the notations in the box to guide you to various index entries.

Now, try to put your ideas together. Pay attention to meaning. Think about your reader. Does what you're writing make sense? Could somebody else follow your train of thought? Is there a beginning, a middle, and an end?

Finally, check your work over for spelling and grammar. Are your verbs conjugated correctly? Do your adjectives agree with their nouns? Are your accent marks in the right places? And, check your spelling!

Qui êtes-vous?

*A*ctivités de vocabulaire

A. Trouvez les contraires. Write the opposite of each word.

1. au revoir _____

2. j'aime _____

3. le professeur _____

4. Madame _____

5. non _____

B. Quelle est la date? On what date was each letter postmarked? Remember that the day, and not the month, comes first in French. The first one is done for you.

1.

2.

3.

4.

1.   le 5 juin 2000 _____

2.   _____

3.   _____

4.   _____

C. Complétez. Complete the dialogues appropriately.

1. DELPHINE: Salut, Jean-Pierre!

   JEAN-PIERRE: _____

   DELPHINE: Ça va, merci, et toi?

   JEAN-PIERRE: _____

2. MME DUMONT: Bonjour, Monsieur.

   M. PETIT: _____

   MME DUMONT: Comment allez-vous?

   M. PETIT: _____

   MME DUMONT: Pas mal, merci.

3. JEAN-PIERRE: Salut!

   DELPHINE: _____

   JEAN-PIERRE: Oui, à demain.

4. ANNE: Comment tu t'appelles?

   CHRISTINE: _____

   ANNE: Anne.

   CHRISTINE: _____

   ANNE: De Nice, et toi?

   CHRISTINE: _____

Activités de structure

Les phrases et les mots

A. Sujet, verbe ou complément? Put an **S** under the subject, a **V** under the verb, and a **C** under the complement in the following sentences.

1. Tu aimes les chats?

2. Je ne comprends pas le professeur.

3. Ça va.

L'article défini

B. Chassez l'intrus. Put the correct form of the definite article (**le, la, l', les**) in front of each noun. Then cross out the word in each list that does not belong because its definite article is different.

Modèle ____le____ chat, ____le____ cahier, ~~la fleur~~

1. _____ chien, _____ date, _____ chat

2. _____ chat, _____ voiture, _____ semaine

3. _____ poissons, _____ étudiants, _____ week-end

4. _____ étudiant, _____ cahier, _____ stylo

L'usage de l'article défini

C. Mettez l'article. Fill in the correct form of the definite article (**le, la, l', les**).

1. Patrick déteste _____ chats.

2. Fatima adore _____ chiens.

3. Tu ne comprends pas _____ professeur?

4. Où est _____ livre?

5. Quelle est _____ date aujourd'hui?

D. À votre tour. Use the expressions **j'aime** or **je déteste** to write three sentences telling about your likes and dislikes.

1. _____

2. _____

3. _____

Thème et version

A. Version. Put the following into normal, natural English.

C'est le 30 septembre aujourd'hui. C'est lundi et je déteste les lundis. Ça ne va pas bien!

_____

_____

_____

B. Thème. Put the following into French.

I like dogs but I hate cats.

_____

Et pour finir

If you have access to the **Système-D: Writing Assistant for French** Software Program, you want to use it to do the following exercise.

Système-D

> **PHRASES:** Greetings; Introducing; Leaving

Écrire un dialogue. Imagine a possible dialogue between yourself and a French exchange student who is visiting your campus. It is a few minutes before class begins and the exchange student has just sat down next to you.

Self-assessment. List four elements that will contribute to making a good dialogue.

1. _____

2. _____

3. _____

4. _____

Now write your dialogue.

_____

_____

_____

_____

_____

_____

Évaluation. Check the four elements that you listed prior to writing. Are any missing or insufficiently implemented? Revise your dialogue to include your corrections. Check your spelling and verb agreement.

Vocabulaire facultatif

The **Vocabulaire facultatif** or optional vocabulary for each lesson contains words and expressions that may be useful or interesting. They are not included in the exercises or activities.

Noms

le calendrier *calendar*

la fête *saint's day*

Divers

c'est vrai *it's true*

c'est quel mois? *what's the month?*

c'est quelle saison? *what's the season?*

de rien *you're welcome*

je sais *I know*

oui et non *so-so, kind of, sort of*

pas beaucoup *not much*

quelle est la date de votre anniversaire?
    when is your birthday? (formal)

qui? *who?*

s'il te plaît *please (to a friend)*

s'il vous plaît *please (formal)*

un peu *a little*

voilà *here is / are, there is / are*

Comment êtes-vous?

Activités de vocabulaire

A. Comment est... Describe each person using **il est** + two appropriate adjectives.

1. _____

_____

2. _____

_____

3. _____

_____

4. _____

_____

5. _____

_____

6. _____

_____

B. Comment sont-ils? Describe the following people. Use three adjectives for each and do not repeat yourself. Do not forget words like **et, aussi, très, mais, donc,** and **parce que.**

1. Bruce Willis

_____

2. le Président des États-Unis *(United States)*

_____

3. Bill Gates

_____

4. Tiger Woods

_____

C. Comparez-les. Now, compare these people. Use **plus... (que), moins... (que),** and **aussi... (que)** at least once each. Do not forget words like **et, aussi, très, mais, donc,** and **parce que.**

1. Bruce Willis et Bill Gates

   _____

   _____

2. Tiger Woods et le Président

   _____

   _____

*A*ctivités de structure

Le verbe *être*

A. On est comment? Complete each sentence with a form of the verb **être.**

1. Éric _____ mince.
2. Tu _____ paresseux!
3. Les professeurs _____ raisonnables.
4. Nous _____ malades.
5. Vous _____ trop naïfs.
6. Je _____ sympathique et intelligent.
7. _____ généreux!

Le négatif

B. Esprit de contradiction. Answer each question in the negative.

1. Véronique aime la musique classique?

   Mais non, elle _____ !

2. Serge et Thomas sont malades?

   Mais non, ils _____ !

3. Vous êtes fatigués?

   Mais non, nous _____ !

4. Je suis timide?

   Mais non, tu _____ !

5. Tu es américain?

   Mais non, je _____ !

6. Tu aimes le cours de français?

   Mais non, je _____ !

La formation des adjectifs

C. Michel et Michèle. Read the description of Michel. Then rewrite it to describe his twin sister Michèle, who is just like him.

>Michel est français. Il est blond et beau. Il n'est pas bête et il est équilibré.
>Mais il est paresseux et il n'est pas très travailleur.

_____

_____

_____

_____

D. Décrivez. Describe each picture. Use as many adjectives as you can and do not forget to put them in the feminine when necessary.

Le Père Noël

1. _____

   _____

Le pélerin

2. _____

   _____

Marilyn Monroe

3. _____

   _____

Jeanne d'Arc

4. _____

   _____

Abraham Lincoln

5. _____

   _____

Scarlet

6. _____

   _____

E. Des femmes... Compare Jeanne d'Arc, Scarlet, and Marilyn Monroe. Use **plus... (que), moins... (que)** and **aussi... (que)** at least once each. Do not forget to use words like **et, aussi, très, mais, donc,** and **parce que.**

_____

_____

_____

_____

_____

F. Je suis parfait(e), moi! Of course you are perfect! Finish each item to reflect this.

Modèle   Je suis intelligent(e). Donc, je *ne suis pas bête!*

1. Je suis travailleur (travailleuse). Donc, je _____ !

2. Je suis sympathique. Donc, je _____ !

3. Je suis beau (belle). Donc, je _____ !

Thème et version

A. Version. Put the following into normal, natural English.

1. Nous ne sommes pas paresseux, mais nous sommes très fatigués.

   _____

2. — Il est aussi intelligent que Pascal?

   — Oui, mais il est pénible et il est moins sympathique!

   _____

   _____

B. Thème. Put the following into French.

1. We're nice and smart and generous and hard-working.

   _____

2. They're stupid and lazy and obnoxious.

   _____

Et pour finir

A. Comment êtes-vous? What are you like? What do you like? Dislike? Use the following suggestions to write down words and phrases in French that describe you so your instructor will have a sense of the person you are. Say as much as you can.

Système-D

> **PHRASES:** Describing people
> **VOCABULARY:** People; Personality
> **GRAMMAR:** Adjective agreement, position, and formation

Self-assessment. Make a list of four elements that will contribute to making a good portrait of yourself.

1. _____

2. _____

3. _____

4. _____

1. Je suis sociable, _____

_____

_____

2. Je ne suis pas très travailleur (travailleuse), _____

_____

_____

3. J'aime le jazz, les fêtes, _____

_____

_____

4. Je n'aime pas les devoirs, _____

_____

_____

B. Un paragraphe. Now combine the ideas from exercise A to write a brief paragraph describing yourself, keeping in mind the elements that contribute to a good portrait. Make your paragraph more cohesive by connecting your ideas with words like **et, mais, donc,** and **parce que.**

Système-D

PHRASES: Describing people; Linking ideas

Je m'appelle _____

_____

_____

_____

_____

_____

_____

_____

_____

_____

_____

_____

_____

_____

Évaluation. Check the four elements you listed prior to writing and read your portrait, keeping them in mind as you read. Which of these elements have you fully used? Which one(s) insufficiently? Which have you omitted? Revise your portrait to include all of them until you are satisfied that your portrait represents you and is telling to someone reading it.

Vocabulaire facultatif

Adjectifs

actif, active *active*
africain(e) *African*
algérien, algérienne *Algerian*
anglais(e) *English*
antipathique *not nice*
asiatique *Asian*
belge *Belgian*
blanc, blanche *white*
bouddhiste *Buddhist*
chinois(e) *Chinese*
chrétien, chrétienne *Christian*
compréhensif, compréhensive *understanding*
content(e) *glad*
débrouillard(e) *resourceful*
drôle *funny*
élégant(e) *elegant*
ennuyeux, ennuyeuse *boring*
fâché(e) *mad*
fou, folle, fous, folles *crazy*
furieux, furieuse *furious, really mad*
gentil, gentille *nice, "sweet"*
intellectuel, intellectuelle *intellectual*

joli(e) *pretty*
juif, juive *Jewish*
marocain(e) *Moroccan*
mexicain(e) *Mexican*
mignon, mignonne *cute*
musulman(e) *Muslim*
noir(e) *black*
optimiste *optimistic*
organisé(e) *organized*
pauvre *poor*
pessimiste *pessimistic*
polonais(e) *Polish*
pressé(e) *in a hurry*
québécois(e) *from Quebec*
riche *rich*
roux, rousse *red-haired*
sénégalais(e) *Senegalese*
sévère *strict*
suisse *Swiss*
triste *sad*
vietnamien, vietnamienne *Vietnamese*

Comment est votre chambre?

Activités de vocabulaire

A. Une chambre d'étudiant. Label as many things as you can in this drawing of a student's room.

B. Et l'étudiant? Write a brief paragraph describing the person who lives in this room. Give the person a name, tell what he or she is like, and give an indication of what he or she likes and dislikes.

_____

_____

_____

_____

_____

_____

C. Et votre chambre? Make a list of the five most important things in your room. Then make a list of the five least important things.

Les choses les plus importantes	Les choses les moins importantes
1. _____	1. _____
2. _____	2. _____
3. _____	3. _____
4. _____	4. _____
5. _____	5. _____

D. Et les couleurs? Give the color of each object that you listed in exercise C. If you don't know the exact word, come as close as you can.

Modèle   *La télévision est brune.*

1. _____   6. _____
2. _____   7. _____
3. _____   8. _____
4. _____   9. _____
5. _____   10. _____

$\mathcal{A}$ctivités de structure

L'article indéfini

A. Mais qu'est-ce que c'est? Complete each dialogue with the correct form of the indefinite article (**un, une,** or **des**).

1. —Voilà _____ chat!

   —Mais non, c'est _____ chien!

   —Mais non, ce sont _____ chats et _____ chiens!

2. —Qu'est-ce que c'est? _____ télévision... ou _____ chaîne hi-fi ou peut-être _____ radio ou _____

   réveil ou...

   —Non, non et non! C'est un réfrigérateur-télévision-chaîne hi-fi avec réveil et radio.

Les articles après *ne... pas*

B. La vie n'est pas juste. *(Life is not fair.)* Luc can't sleep, but instead of counting sheep, he's counting all the things he doesn't have that his friends have. Help him make his list of life's injustices.

Modèle   Paul a une télévision.

   Mais moi, je n'ai pas de télévision!

1. Olivier a un tapis.

   _____

2. Muriel et Nathalie ont une chaîne hi-fi.

   _____

3. Christine a des affiches.

   _____

4. Alain a un camarade de chambre.

   _____

C. Négations. Rewrite each sentence using **ne... pas.**

1. Il y a des livres dans la chambre.

   _____

2. Alceste aime les fleurs.

   _____

3. Il y a une voiture dans la salle de classe.

   _____

4. Tu aimes les examens.

   _____

D. Trouvez l'article. Complete each sentence with an appropriate article (**un, une, des, de, d', le, la, l', les**).

1. Il y a _____ dictionnaire et _____ livres dans la chambre de Jessica et Susan.

2. Il n'y a pas _____ bureau mais il y a _____ table dans la chambre de Jean-Pierre.

3. J'aime _____ fêtes.

4. Je déteste _____ examens.

5. J'aime _____ télévision mais il n'y a pas _____ télévision dans la chambre!

Le verbe *avoir*

E. Possessions. Complete each sentence with a form of the verb **avoir.**

1. —Tu _____ un stylo?

   —Oui, voilà. Ah non, pardon. Je n' _____ pas de stylo.

2. —Vous _____ des disques compacts?

   —Oui, et nous _____ des cassettes aussi.

3. —Pierre _____ un camarade de chambre pas du tout sympathique. Il s'appelle Alain.

   —Ah oui? Je m'appelle Alain et j(e) _____ un camarade de chambre pénible—et il s'appelle Pierre!

F. Ça va mieux! Luc feels better the next morning. After looking over his list, he's decided that things aren't so bad after all. Use the words provided to write sentences about Luc's more optimistic view of life.

1. Oui, Olivier a un tapis, mais il / ne... pas avoir / rideaux / et moi, / je / avoir / rideaux.

   _____

   _____

2. Oui, c'est vrai, Muriel et Nathalie ont une chaîne hi-fi, mais / elles / ne... pas avoir / télévision / et moi, / je / avoir / télévision.

_____

_____

_____

3. Oui, Alain a un camarade de chambre et moi, je / ne... pas avoir / camarade de chambre, / mais / je / avoir / deux lits et deux bureaux et deux...

_____

_____

_____

Thème et version

A. Version. Put the following into normal, natural English.

— Tu as un stylo?

— Non, je n'ai pas de stylo mais j'ai un crayon. Ça va?

— Oui, ça va. Merci.

_____

_____

_____

B. Thème. Put the following into French. The words in parentheses are not necessary in English, but they are necessary in French.

1. Patrick and Robert have keys but I don't (have a key).

_____

_____

2. — What's that?

— A computer. You don't have a computer?

— No, but I have a typewriter and a pen.

_____

_____

_____

$\mathcal{E}$t pour finir

Imagine you are Alain (Pierre's roommate) and that you are writing your parents telling them about what school is like and telling them what the first few weeks are like.

PHRASES: Writing a letter (informal)
VOCABULARY: Bedroom; People; Personality
GRAMMAR: Adjective agreement, position, and formation

Self-assessment. Make a list of four elements that are necessary to make your letter interesting and appropriate.

1. _____

2. _____

3. _____

4. _____

1. Make a list of three good (**bon**) things and three bad (**mauvais**) things about your room.

bon	mauvais
_____	_____
_____	_____
_____	_____

2. Make a list of three good and three bad things about your roommate, Pierre.

bon	mauvais
_____	_____
_____	_____
_____	_____

3. Now, put all this information together and write your letter. Think of a good opening sentence, and think of the best way to conclude your narrative.

Chers parents,

_____

_____

_____

_____

_____

_____

_____

_____
_____
_____
_____
_____
_____
_____
_____
_____

À bientôt,

_____

Évaluation. Now check the four elements that you listed prior to writing your letter. Are any missing or insufficiently used? Evaluate how you can improve the letter to interest your readers.

𝒱ocabulaire facultatif

Noms
un agenda électronique *electronic organizer*
une agraffeuse *stapler*
un coussin *pillow, cushion*
un couvre-lit *bedspread*
des lits superposés *(m.pl.) bunkbeds*
un magnétoscope *videocassette recorder, VCR*
une moquette *carpet(ing)*
un mouchoir en papier *tissue, Kleenex*
un oreiller *(bed) pillow*

un plafond *ceiling*
un plancher *floor*
une plante *plant*
un store *shade, blind*
un tableau noir *(black)board*
un traversin *bolster pillow*
un trombone *paper clip*
un vase *vase*

Adjectifs
idéal(e), idéaux, idéales *ideal*
moderne *modern*

traditionnel, traditionnelle *traditional*

Adjectifs de couleur
bordeaux *(invariable) maroon*
gris(e) *gray*
marron *(invariable) (dark) brown*

rose *pink*
violet, violette *purple*
beige *beige*

Divers
c'est *it is*

ce n'est pas *it's not*

Qu'est-ce que vous aimez?

Activités de vocabulaire

A. Catégories. Divide the words in the following list into the categories given.

un enfant / chanter / une femme / aimer / un homme / danser / un père / marcher / une fille / un garçon / adorer / détester / travailler / un ami / étudier / une sœur / penser

personnes	activités physiques	activités mentales
_____	_____	_____
_____	_____	_____
_____	_____	_____
_____	_____	_____
_____	_____	_____
_____	_____	_____
_____	_____	_____
_____	_____	_____

B. Associations. What actions (verbs) do you associate with the following things? Write two different verbs for each.

1. la télévision: _____   _____

2. (le) français: _____   _____

3. des cadeaux: _____   _____

4. une orange: _____   _____

5. Paris: _____   _____

C. Qu'est-ce que c'est? Describe each picture in French.

1. _____

   _____

   _____

   _____

2. _____

_____

_____

_____

_____

3. _____

_____

_____

_____

_____

D. C'est / il est / elle est. Complete each dialogue with either **c'est, il est,** or **elle est.**

1. —_____ Michel?

—Non, _____ Pierre.

2. —Voilà Luc. _____ français.

—Ah oui? D'où en France?

3. —Qu'est-ce que c'est? _____ une affiche pour la chambre?

—Oui, tu n'aimes pas?

—Ah... je ne sais pas.

4. —Et la petite Carine, comment ça va?

—Pas très bien. _____ malade.

5. —J'ai 10 chiens et 20 chats.

—_____ vrai?

*A*ctivités de structure

Les verbes en *-er*

A. Activités. Complete each sentence with a form of the present tense, the imperative, or the infinitive of the appropriate verb or verbs in parentheses.

1. Ils sont intelligents mais ils _____ étudier. (ne... pas aimer / fumer)

2. Vous _____ la télévision? Ce n'est pas normal. (écouter / regarder / détester)

3. Nous sommes américains. Nous _____ anglais et nous _____ le français. (parler / étudier / voyager)

4. Les oiseaux _____ les chats parce que les chats aiment _____ les oiseaux. (travailler / manger / ne... pas aimer)

5. Jean-Marc! _____ la chambre! Et ne _____ pas la télévision! (ranger / donner / marcher / regarder)

6. Patrick _____ un cadeau à Solange. (détester / donner)

7. Tu _____ ou tu _____ la radio? (voyager / travailler / regarder / écouter)

8. Nous _____ avec les Dubois samedi. (écouter / manger)

9. Vous _____ que les Français sont sympathiques? (penser / parler)

B. Et vous? What are you like? What do you do? Use each verb to say something about yourself. Don't forget to use words such as **beaucoup, un peu, trop.**

Modèle   danser

Je ne danse pas. Je déteste danser. Je danse beaucoup. etc.

1. manger _____

2. chanter _____

3. parler _____

4. travailler _____

5. fumer _____

6. marcher _____

C. Qu'est-ce qu'ils aiment? Qu'est-ce qu'ils ont? According to you, what do each of the following groups like, dislike, have, or not have?

1. les filles _____

2. les garçons _____

3. les étudiants _____

4. les professeurs _____

5. les chiens _____

6. les chats _____

Les adjectifs possessifs

D. Photos de famille. People are showing their photos to each other. Add the missing possessive adjectives.

Modèle   C'est le bureau de Michel, et c'est _**sa**_ chaise et ce sont _**ses**_ livres.

1. C'est ton chien, et c'est _____ chat et _____ oiseaux?

2. C'est votre mère, et c'est _____ père et ce sont _____ frères et _____ sœurs?

3. C'est la chambre de mon frère, et c'est _____ lit, _____ bureau et _____ chaîne hi-fi.

4. C'est notre maison *(house)* et dans le jardin *(yard)*, ce sont _____ animaux et _____ amis.

5. C'est ma chambre, et c'est _____ ami Jean-Philippe et c'est _____ ordinateur.

E. Des étudiants. Use possessive adjectives to complete each description.

1. Anne-Sophie est étudiante à la Sorbonne. _____ père et _____ mère sont professeurs à Paris. Elle a un frère et une sœur. _____ frère est plus jeune mais _____ sœur est plus âgée. Ils étudient aussi à la Sorbonne. Et _____ oiseau? Il reste à la maison avec _____ deux chats et _____ chien.

2. Je m'appelle Jacques Larivière, je suis canadien et je suis étudiant à Montréal. J'adore la musique! Dans _____ chambre, j'ai _____ chaîne hi-fi et _____ disques compacts. J'ai aussi _____ guitare parce que j'aime chanter. Sur le mur, j'ai des affiches et des photos. J'aime beaucoup _____ affiche de Charlebois et _____ photo de l'hiver à Québec! Et sur _____ bureau, j'ai une photo de _____ amie. _____ nom? Charlotte! Elle est de Chicoutimi mais elle étudie à Montréal comme moi.

L'interrogation

F. Des questions... Rephrase each question using **est-ce que.**

Modèle   A-t-il un chien?

   Est-ce qu'il a un chien?

1. Les étudiants étudient-ils beaucoup? _____

2. Aimez-vous sortir? _____

3. Sont-ils fatigués? _____

4. Est-ce une fille sympathique? _____

5. Danse-t-il bien? _____

6. Êtes-vous de Paris? _____

G. Quelle est la question? Here are the second lines of several conversations. You have the answers; what was the question? Use **est-ce que.** There may be more than one correct question.

Modèle   — ***Est-ce que tu aimes (vous aimez) l'automne?***

   — Oui, j'aime l'automne.

1. —_____?

   — Oui, on parle français à Montréal.

2. —_____?

   — Non, je déteste étudier.

3. —_____?

   — Oui, nous marchons beaucoup.

4. — _____ ?

— Oui, je voyage un peu.

5. — _____ ?

— Non, elle déteste les cigarettes.

6. — _____ ?

— Oui, elles adorent sortir.

7. — _____ ?

— Non, j'aime mieux regarder la télévision.

*T*hème et version

A. Version. Put the following into normal, natural English.

— Voilà Paul. C'est un copain de Jacqueline.
— C'est un Français?
— Non, il est américain, mais il étudie le français.
— Il n'est pas très beau, n'est-ce pas?
— C'est vrai, mais il est très sympathique et il adore rire.

_____

_____

_____

_____

_____

B. Thème. Put the following into French.

1. We're studying too much.

_____

2. Marc! Jean-Luc! I am speaking! Listen!

_____

3. Catherine? Yes, she's nice. She's a nice girl.

_____

4. They hate animals but they have a cat for their children.

_____

5. Here is Jean-Marc with his father, his mother, and his sister.

_____

$\mathscr{E}$t pour finir

Un article pour le journal. You are writing a brief article on a local celebrity to be included in a packet of material being sent to a school in France.

Self-assessment. Find four elements that will make this article informative and interesting to your readership and that your article should contain or reflect.

Système-D

> **PHRASES:** Describing people
> **VOCABULARY:** People; Personality
> **GRAMMAR:** Adjective agreement, position, and formation

1. _____

2. _____

3. _____

4. _____

1. **Qui est-ce?** Choose someone you think the French students would be interested in. Write down the name of the person you have chosen.

   _____

2. **Comment est-il (est-elle)?** What is this person like? Make a list of adjectives that describe him or her.

   _____

   _____

3. **Il (Elle) aime/déteste.** Now, make a list of what your celebrity likes and dislikes.

   _____

   _____

4. **Et maintenant, l'article.** Now, write a short article describing the celebrity you chose. You might start out, **Voilà** (+ name of celebrity). Try to make your paragraph interesting, but keep in mind that it has to make sense to your audience.

   _____

   _____

   _____

   _____

   _____

   _____

Évaluation. When you are finished, read your paragraph considering the four elements that you previously identified. See what needs to be changed to reflect these elements better if they are insufficiently addressed in your writing.

*V*ocabulaire facultatif

Noms

un bon vivant *person who knows how to live*
le camping *camping*
un cheval *horse*
la danse *dance, dancing, ballet*
une dissertation *paper (written for class)*
un lapin *rabbit*

un musée *museum*
une pièce *play*
un poisson rouge *goldfish*
le shopping *shopping*
un voyage *trip*

Verbes

habiter (à) *to live (in)*
jouer *to play*

téléphoner *to telephone*

Divers

danser le rock *to "fast dance"*

danser le slow *to "slow dance"*

Le français familier

bouffer *(vulgaire) manger*

Les âges de la vie

Activités de vocabulaire

A. Les contraires. Find an antonym (opposite) for each word.

1. facile _____

2. jeune _____

3. généreux _____

4. loin de _____

5. triste _____

6. parfois _____

7. derrière _____

8. laid _____

B. Des problèmes de calcul. Solve each arithmetic problem. Write your answers in numbers.

1. Dans les cours de l'Alliance Française en hiver, il y a soixante-seize jeunes filles et cinquante-trois garçons.

   Combien d'étudiants est-ce qu'il y a en tout? _____

2. Chez les Verrier, il y a trois adultes, cinq enfants, deux chiens, quatre chats, six oiseaux et trente-deux poissons.

   Combien de personnes habitent chez les Verrier? _____

   Combien d'animaux est-ce qu'il y a? _____

3. Dans l'hôtel Mozart le soir du 14 novembre, il y a cinquante-six femmes, quatre-vingt-dix-huit hommes et soixante-seize enfants.

   Combien de personnes est-ce qu'il y a en tout? _____

3. Dans le Parc de la Tête d'Or (un zoo) à Lyon, il y a beaucoup d'animaux. Il y a deux cent dix mammifères, trois cent cinquante oiseaux, cinquante reptiles et deux cent trente poissons.

   Combien d'animaux est-ce qu'il y a en tout? _____

C. Ils ont quel âge?

Complete each sentence to say how old you think the characters in the picture are.

1. Le jeune homme avec le chien _____ .

2. Le chien _____ .

3. La jeune fille qui aime le jogging _____ .

4. Le petit garçon _____ .

5. Les jeunes qui dansent _____ .

6. Le vieil homme _____ .

D. Paulette et Jacques. Use a form of the preposition **de** to complete each sentence.

1. Jacques Dubois est _____ Nice. Il aime marcher et il aime les chiens. Quand il est triste, il joue _____
   guitare. Il a un chien. Le nom _____ chien? Ulysse.

2. Paulette Gilmard habite près _____ Nice. Elle est optimiste et elle aime la vie. Elle a un chien aussi. Le chien
   _____ Paulette s'appelle Maggy. Maggy aime Ulysse et la vie _____ deux chiens est agréable.

Activités de structure

Les verbes comme *sortir*

A. Complete each sentence with a form of one of the verbs in parentheses.

1. Pierre et Jacqueline _____ (sortir / habiter) avec les Dubois demain.

2. J(e) _____ (avoir / être) fatiguée parce que je ne _____
   (détester / dormir) pas assez.

3. Au printemps, nous _____ (aimer / être) au régime (*on a diet*) parce que nous
   _____ (manger / partir) trop en hiver.

4. Tu n'aimes pas _____ (sortir / ranger) avec des amis le samedi soir?

5. Vous _____ (aimer / partir) à Montréal? Pour toujours?

6. Anne et Michèle ne _____ pas (dormir / avoir) chez nous, elles aiment mieux

_____ (dormir / partir).

7. Jean Luc _____ (partir / sortir) à Paris pour travailler et il _____

(avoir / être) très malheureux parce qu'il _____ (détester / aimer) Paris.

8. Julie? Tu étudies? Un samedi? Mais tu es trop sérieuse! _____ (sortir / dormir) avec tes amis! Ne travaille pas tout le temps!

La place des adjectifs

B. Use the adjectives in parentheses to answer the questions.

Modèle   C'est un homme laid? (beau)
         Non, non, c'est un bel homme.

1. C'est une chambre laide? (joli)

_____

2. C'est un jeune homme? (vieux)

_____

3. C'est un gros chien? (petit)

_____

4. Ce sont des étudiantes canadiennes? (français)

_____

5. C'est une fille blonde? (brun)

_____

6. C'est un homme triste? (content)

_____

7. Ce sont des petites filles difficiles? (gentil)

_____

8. C'est une femme sévère? (compréhensif)

_____

Les formes toniques des pronoms

C. Chez qui? Everybody's at his or her own house. Say this in French.

Modèle   Patrick
         Patrick est chez lui.

1. Danielle _____.

2. Jean-Luc et Michel _____.

3. Je _____.

4. Tu _____.

5. Nous _____.

6. Vous _____.

D. Paulette et Jacques. Here's how Paulette and Jacques first met. Rewrite the paragraph, replacing the nouns in italics with pronouns.

Aujourd'hui, Paulette Gilmard marche sur la Promenade des Anglais à Nice. Devant *Paulette,* il y a Jacques Dubois, assis *(seated)* sur un banc. Paulette est fatiguée et s'assied *(sits down)* à côté de *Jacques. Paulette* parle avec *Jacques, Jacques* parle avec *Paulette.* Maintenant, Jacques est heureux. Et *Paulette? Paulette* est heureuse aussi. Pour *Jacques et Paulette,* la vie est belle aujourd'hui.

_____

_____

_____

_____

_____

Thème et version

A. Version. Put the following into normal, natural English.

—Comment est Cédric Rasquin?
—Oh, lui? Il a des problèmes. Il a seize ans et il n'est pas très équilibré. Il n'a pas beaucoup d'amis et il est timide. Il joue de la guitare, mais pas très bien. Il n'a pas de petite amie et il ne sort pas souvent.

_____

_____

_____

_____

B. Thème. Put the following into French.

1. (speaking to a friend)
   — How old are you?
   — I'm 21.
   — So am I!

   _____

   _____

   _____

2. — Where's Paul?
   — Next to the girl by the window.

   _____

   _____

3. — Is Jean-Pascal at home?
   — No, he's at Luc's house.

   _____

   _____

4. —You're going out with her?!
   —Why not?
   —She's selfish and hard to get along with.
   —No! She's a nice person and she's smart too.

   _____

   _____

   _____

   _____

$\mathcal{E}$t pour finir

Une lettre de Cédric. You met Cédric Rasquin and some of his family at the beginning of this lesson. Cédric's parents are divorced, and he's living with his mother (Béatrice) and her new husband (Paul Pinel) in Toulouse. His younger sister, Christine, is adjusting to Toulouse and the new living arrangements, but Cédric is miserable. He's going to write to his father, Jean Rasquin, in Paris.

Self-assessment. Identify four elements that both make a good letter and that Cédric's father will be interested in reading.

1. _____

2. _____

3. _____

4. _____

Système-D

> **PHRASES:** Describing objects, people, weather; Requesting something
> **VOCABULARY:** Bedroom; City; Family members

1. **La vie à Toulouse.** Imagine what life is like for Cédric in Toulouse. Does he have a room? Friends? What does he do? Are there any things he enjoys?

   Il est triste, etc.

   _____

   _____

   _____

2. **J'ai des problèmes.** Now, make a list of the problems that are probably bothering Cédric.

   Mon professeur est...

   _____

   _____

   _____

3. **La lettre.** Use your ideas from parts 1 and 2 to write Cédric's letter on the following page. Mix up his problems and his reactions. Use **parce que, et, mais,** etc.

Toulouse, le 22 novembre

Cher Papa,

_____

_____

_____

_____

_____

_____

_____

Je t'embrasse,
Cédric

Évaluation. When you are finished, read the letter as if you were Cédric's father. What is missing? What is not right? Check the four elements that you identified earlier and revise your letter to insert any corrections or changes you may want to make to obtain a better letter.

𝒱ocabulaire facultatif

Noms
un(e) avocat(e) *(court) lawyer*
la batterie *drums*
la biologie *biology*
la chimie *chemistry*
un médecin *physician*
la flûte *flute*
la gestion (des affaires, f.pl.) *(business) management*
un jeune homme *young man*
des jeunes gens *(m.pl.) young people*
la philosophie *philosophy*

la physique *physics*
la psychologie *psychology*
le piano *piano*
les sciences économiques *(f.pl.) economics*
les sciences politiques *(f.pl.) political sciences*
la sociologie *sociology*
la trompette *trumpet*
les vêtements *(m.pl.) clothes*
le violon *violin*

Verbe
pleurnicher *to whine*

Adjectifs
agressif, agressive *aggressive*
bien habillé(e) *well dressed*
décidé(e) *determined*

insupportable *unbearable*
maladroit(e) *clumsy*
mal habillé(e) *badly dressed*

Divers
avoir le cafard *to feel "down/low"*
être d'âge mûr *to be middle-aged*

être en bonne santé *to be healthy*
piquer une colère *to throw a tantrum*

Le français familier
une grande personne *grown-up*
la philo = la philosophie
la psycho = la psychologie

rouspéter *to gripe*
les sciences po = les sciences politiques

L'espace et le temps

*A*ctivités de vocabulaire

A. Les vols d'Air France. You are in the Charles de Gaulle Airport in Paris. Say when each flight is leaving.

Modèle L'avion pour Nice part *à huit heures et quart du soir.*

VOL	DESTINATION	DÉPART	VOL	DESTINATION	DÉPART
AF 417	Nice	20.15	AF 039	Montréal	17.50
AF 642	Bruxelles	10.30	AF 253	Pointe-à-Pitre	12.25
AF 307	Dakar	14.30	AF 255	Port-au-Prince	17.35
AF 662	Genève	8.15	AF 237	Saint-Martin	19.15

1. L'avion pour Genève part à _____ .

2. L'avion pour Saint-Martin part à _____ .

3. L'avion pour Dakar part à _____ .

4. L'avion pour Pointe-à-Pitre part à _____ .

B. Quel est le verbe? Complete each sentence with a form of **commencer, préférer, terminer, trouver, chercher,** or **téléphoner.**

1. Le lundi, nous _____ les cours à neuf heures et nous _____
   à trois heures.

2. Est-ce que tu _____ le rouge ou le noir?

3. Je _____ mes clés... Mais où sont-elles?

4. Marie-Claire _____ la vie difficile parce qu'elle n'aime pas l'université.

5. _____ à ta mère, elle est un peu déprimée!

C. Quel. Complete each sentence with a form of **quel.**

1. À _____ heure partez-vous?

2. _____ enfants!

3. _____ couleur préférez-vous?

4. _____ sont vos cours préférés?

D. Dans, en ou à? Complete each sentence with **dans**, **en,** or **à.**

1. Vous n'avez pas trop chaud _____ la chambre?

2. Nous partons _____ vacances _____ la plage _____ août.

3. Le matin, j'ai un cours _____ neuf heures.

4. Nous mangeons _____ ville aujourd'hui.

5. Il y a un serpent *(snake)* _____ le lit!

6. Tu ne téléphones pas _____ Pierre?

E. Les couleurs et la nature. What can you find in nature for each color?

1. le bleu _____

2. le vert _____

3. le blanc _____

4. le jaune _____

5. le rouge _____

F. Chez moi! Where do you live? What is it like? What can be found there? What cannot be found there?

J'habite à _____. C'est (une ville? un village? à la montagne? à la mer? à la campagne?)

_____. À _____, il y a _____

_____

_____, mais il n'y a pas

_____.

G. L'horaire de Sandrine. Here is the first semester schedule of Sandrine, a first-year law student at the Facultés Universitaires Notre-Dame de la Paix in Namur, Belgium. Read her schedule and answer the questions.

	LUNDI	MARDI	MERCREDI	JEUDI	VENDREDI
8h30		Logique	Économie	Comptabilité	Introduction au droit
9h30	Droit constitutionnel			Logique	
10h30	Psychologie	Droit romain*	Droit romain	Histoire belge	Psychologie
11h30	Introduction au droit				
12h30					
13h30	Comptabilité				
14h30					
15h30					

*romain = *Roman*

1. Combien d'heures de cours est-ce que Sandrine a par semaine? _____ C'est beaucoup? _____

2. À quelle heure est-ce qu'elle commence sa journée le lundi? _____

   Et les autres *(other)* jours? _____

3. À quelle heure est-ce qu'elle termine sa journée le lundi? _____

   Et les autres *(other)* jours? _____

4. Est-ce qu'elle a des cours l'après-midi? Quel(s) jour(s)? _____

5. Quel(s) jour(s) est-ce qu'elle n'a pas de cours l'après-midi? _____

6. Quels cours sont des cours de droit? _____

   _____

7. Quels autres cours a Sandrine? _____

   _____

8. Vous êtes Sandrine: Quel cours préférez-vous? Pourquoi? Quel cours n'aimez-vous pas? Pourquoi?

   _____

   _____

*A*ctivités de structure

Le verbe *aller*

A. Où vont-ils? Complete each sentence with a form of the verb **aller.**

1. Nous _____ à la bibliothèque le soir.

2. Pierre et Patrick _____ au cinéma samedi.

3. Tu ne _____ pas chez Marie?

4. Je _____ à Nice le week-end.

5. Est-ce que vous _____ manger au restaurant?

6. Anne _____ à l'université.

7. Jean-Pierre et Michel! _____ chercher votre voiture!

B. Ce n'est pas le Jour de l'An, mais... Even though it's not New Year's Day, everyone has decided to turn over a new leaf. What are these people going to do or not do in the future?

Modèle   Olivier fume.
   Olivier ne va pas fumer.

1. Charlotte téléphone tout le temps.

   _____

2. Nous sortons pendant la semaine.

   _____

3. Vous mangez à la bibliothèque.

_____

4. Nicole et Odile ne sont pas gentilles.

_____

5. Je ne suis pas sérieux (sérieuse).

_____

6. Patrick et Julien dorment en classe.

_____

Les prépositions *à* et *de* et l'article défini

C. Complétez. Complete each sentence with the appropriate preposition and/or article: **à, à la, à l', au, aux.**

1. Nous allons _____ campagne le week-end.

2. Demain, je vais téléphoner _____ professeur.

3. J'aime aller en vacances _____ mer.

4. Tu ne vas pas _____ poste?

5. J'adore manger _____ restaurant, pas vous?

6. Cédric est trop timide pour parler _____ filles.

7. Vous allez dormir _____ hôtel _____ Marseille?

8. Alceste n'aime pas la campagne _____ printemps.

9. Le professeur parle français _____ étudiants.

D. De, du, des, de la, de l' ou d'? Complete each sentence using **de** alone or **de** plus the definite article.

1. Michel est _____ Cannes.

2. La bibliothèque _____ université est très grande.

3. Est-ce que vous aimez le chien _____ Anne?

4. Où sont les chambres _____ étudiants?

5. Je cherche les clés _____ professeur.

6. Vous détestez les rideaux _____ chambre?

E. La journée de Sandrine (suite). Read Sandrine's schedule again (*G. L'horaire de Sandrine*, on p. 32). Imagine where she goes and why. Do not repeat yourself.

Le lundi après-midi, elle va _____ parce qu(e) _____ ; le lundi soir,

elle va _____ parce qu(e) _____.

Le mardi après-midi, elle va _____ parce qu(e) _____ ; le mardi soir, elle va _____ parce qu(e) _____ .

Le mercredi après-midi, elle va _____ parce qu(e) _____ ; le mercredi soir, elle va _____ parce qu(e) _____ .

Le jeudi après-midi, elle va _____ parce qu(e) _____ ; le jeudi soir, elle va _____ parce qu(e) _____ .

Le vendredi après-midi, elle va _____ parce qu(e) _____ ; le vendredi soir, elle va _____ parce qu(e) _____ .

Questions pour demander des renseignements

F. Mais quelle est la question? You have the answer. Ask the question! (The underlined words will be the answer to your question.)

1. Madame Dassin a <u>trois</u> chats.

   _____

2. Je mange <u>parce qu'il est midi</u>!

   _____

3. Ils vont <u>à Bruxelles</u> le week-end.

   _____

4. Nous partons <u>le matin</u>.

   _____

5. Cédric joue <u>très bien</u> de la guitare.

   _____

6. Il y a <u>trois fenêtres</u> dans la chambre.

   _____

7. Je vais <u>à la banque</u>.

   _____

8. Claudine est malheureuse <u>parce que Pierre sort avec Hélène</u>.

   _____

Thème et version

A. Version. Put the following into normal, natural English.

1. Le lundi matin, les Dumont vont nager à la piscine.

_____

2. Il est trois heures du matin. J'ai sommeil et je vais dormir!

_____

B. Thème. Put the following into French.

1. I'm cold and I'm very unhappy!

_____

2. Let's go downtown at two!

_____

Et pour finir

A. Où va Claudine?
Look at Claudine's schedule for Monday. Then answer the questions. You don't have to write full sentences here.

8h30	cours de maths
9h30	biblio.
12h	manger avec Hélène et Marie-Thérèse (restau)
2h–5h	étudier
5h30	tél. Marseille (Marc)
8h	Pierre

1. À quelle heure est le cours de mathématiques de Claudine?

_____

2. Où va-t-elle à neuf heures et demie?

_____

3. Où est-ce qu'elle mange? À quelle heure? Avec qui?

_____

4. Où est Claudine l'après-midi?

_____

5. Pourquoi est-ce qu'elle téléphone à Marc?

_____

6. Où est-ce qu'elle va à huit heures du soir?

_____

B. La journée de Claudine. Write a paragraph about Claudine as if it were the beginning of a short story. Include what else you think she might have been doing in between the hours where she has something marked. Note that Pierre's schedule for that same week is in your textbook, page 143.

Système-D

> **PHRASES:** Linking ideas; Sequencing events
> **VOCABULARY:** Calendar; Leisure; Studies; Courses
> **GRAMMAR:** Present tense

Self-assessment. What would make this description interesting to readers of that story? Identify four elements that determine the quality of a good descriptive paragraph in a story.

1. _____

2. _____

3. _____

4. _____

Now write your paragraph.

_____

_____

_____

_____

_____

_____

_____

_____

_____

_____

_____

_____

_____

_____

_____

_____

Évaluation. Read your paragraph and evaluate it in terms of the criteria you identified prior to writing. Where did you fall short of implementing? Where can you improve? How can you improve? Revise before submitting your paragraph to your instructor.

Vocabulaire facultatif

Noms

une adresse *address*
une avenue *avenue*
le centre-ville *downtown*
un chemin *path, way*
un emploi du temps *schedule*
la faculté *university, college, department*

un fleuve *river*
un horaire *schedule, timetable*
un jardin *garden, yard*
un pont *bridge*
un quartier *neighborhood*
une usine *factory*

Verbes

camper *to camp*

traverser *to cross*

Fêtes principales

la fête des mères *Mother's Day*
la fête des pères *Father's Day*
la fête du travail (1er mai) *Labor Day*
la fête nationale *national holiday*

le Jour de l'An *New Year's Day*
Noël *Christmas*
Pâques *Easter*
la Toussaint (1er novembre) *All Saints' Day*

Famille, familles...

Activités de vocabulaire

A. Les contraires. Give the opposites.

1. il fait beau _____

2. il fait froid _____

3. marié _____

4. il fait gris _____

5. ici _____

6. être en vie _____

B. Par deux. Write the missing member of each "family pair."

1. une mère et _____

2. un grand-père et _____

3. une sœur et _____

4. une petite-fille et _____

5. une fille et _____

6. un mari et _____

7. un oncle et _____

8. une nièce et _____

C. Quel temps fait-il?

1. _____

2. _____

3. _____

4. _____

D. Septembre dans la région de Montréal. September is a great time to visit Quebec! The leaves are changing and it's beautiful. But, what about the weather?

Note: Temperatures are in centigrade (Celsius): 15° C = 59° F, 20° C = 68° F.

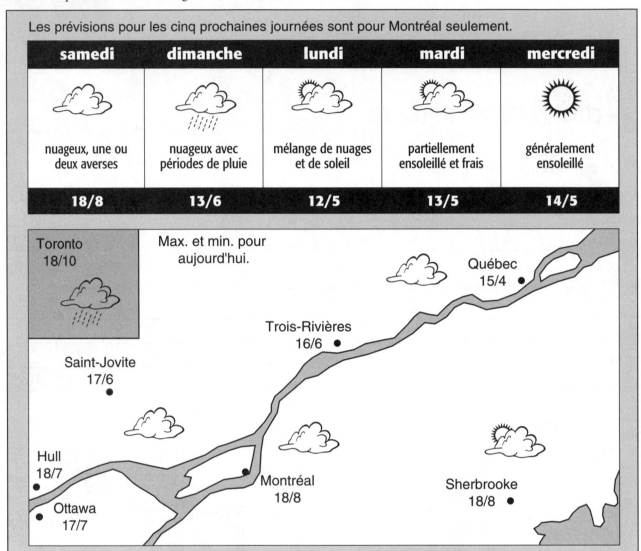

1. Le temps aujourd'hui dans la région

   Quel temps fait-il à Québec et à Montréal? _____

   Quel temps fait-il à Sherbrooke? _____

   Quel temps fait-il à Toronto (Ontario)? _____

   Est-ce qu'il fait chaud aujourd'hui dans la région? _____

2. Le temps de la semaine à Montréal

   Quand est-ce qu'il va faire beau? _____

   Quand est-ce qu'il va faire très mauvais? _____

   Quand est-ce qu'il va faire frais? _____

   Quand est-ce qu'il va faire bon? _____

E. Une famille. Look at the family tree. Then answer the questions that follow.

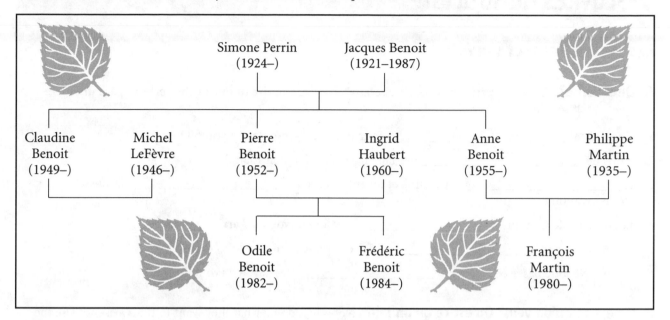

Simone Perrin (1924–) Jacques Benoit (1921–1987)

Claudine Benoit (1949–) Michel LeFèvre (1946–) Pierre Benoit (1952–) Ingrid Haubert (1960–) Anne Benoit (1955–) Philippe Martin (1935–)

Odile Benoit (1982–) Frédéric Benoit (1984–) François Martin (1980–)

Modèle Qui est Simone Perrin pour François Martin?
C'est *sa grand-mère.*

1. Qui est Anne Benoit pour Philippe Martin?

   C'est _____.

2. Qui est Pierre Benoit pour Ingrid Haubert?

   C'est _____.

3. Qui est Claudine Benoit pour Pierre Benoit?

   C'est _____.

4. Qui est Pierre Benoit pour Anne Benoit?

   C'est _____.

5. Qui est Jacques Benoit pour Odile Benoit?

   C'est _____.

6. Qui est Frédéric Benoit pour Jacques Benoit?

   C'est _____.

7. Qui est Odile Benoit pour Anne Benoit?

   C'est _____.

8. Qui est Odile Benoit pour Simone Perrin?

   C'est _____.

9. Qui sont Simone Perrin et Jacques Benoit pour François Martin, Odile Benoit et Frédéric Benoit?

   Ce sont _____.

10. Alors, qui sont François Martin, Odile Benoit et Frédéric Benoit pour Simone Perrin et Jacques Benoit ?

    Ce sont _____.

Activités de structure

Les verbes *faire* et *vouloir*

A. Quel verbe? Use the present tense, the imperative, or the infinitive of one of the verbs in parentheses to complete each sentence.

1. Jean-Pascal _____ les courses le week-end. (faire / vouloir)

2. Nous ne _____ pas faire la cuisine. (vouloir / faire)

3. Je _____ la cuisine et toi et Marc, vous _____ la vaisselle. (faire / vouloir)

4. Les parents de Claudine _____ lundi. (vouloir / arriver)

5. Qu'est-ce que tu _____ faire après le film? (vouloir / arriver)

6. Céline! Ne joue pas avec Youki! _____ tes devoirs! (vouloir / faire)

B. Qu'est-ce qu'on veut? Qu'est-ce qu'on fait? Nobody is doing what they want to this weekend! Use the verbs in parentheses to say this.

1. Je _____ (vouloir) aller au cinéma, mais je _____ (faire) la vaisselle.

2. Pierre _____ (vouloir) sortir avec Sandrine, mais il _____ (faire) la cuisine.

3. Nous _____ (vouloir) dormir, mais nous _____ (faire) le ménage.

4. Vous _____ (vouloir) aller nager, mais vous _____ (faire) les courses.

5. Les Haubert _____ (vouloir) regarder la télévision, mais ils _____ (faire) les lits.

6. Tu _____ (vouloir) aller au restaurant, mais tu _____ (faire) la cuisine.

C. Mon week-end. List what you want to do or don't want to do this weekend. Then list what you are going to do or not going to do.

Je veux	**Je ne veux pas**
_____	_____
_____	_____
_____	_____
Je vais	**Je ne vais pas**
_____	_____
_____	_____
_____	_____

Les pronoms d'objet direct

D. Trouvez les pronoms. Replace the words in italics with a direct object pronoun.

1. J'adore *les chiens!* _____

2. Tu ne veux pas faire *ton lit?* _____

3. Vous voulez *ma voiture?* _____

4. Nous ne regardons jamais *la télévision!* _____

5. Voilà *mes parents!* _____

6. Tu vas lire *ton livre?* _____

7. Vous cherchez *votre chat?* _____

E. Qu'est-ce qu'on fait avec? Use direct object pronouns to say one thing you do and one thing you don't do with each of the following.

Modèle   le livre de français
          Je l'étudie. Je ne le donne pas à mon petit frère.

1. mon chien _____

_____

2. la télévision _____

_____

3. mes devoirs _____

_____

F. Encore des pronoms. Replace the words in italics with a subject pronoun, a stressed pronoun, or a direct object pronoun.

1. Voilà *ma camarade de chambre!* _____

2. *Ma voiture* est chez *les Martin.* _____

3. Je fais *la vaisselle* avec *Patrick.* _____

4. Nous n'allons pas lire *leurs lettres!* _____

5. Nous ne voulons pas sortir avec *Jacqueline et Béatrice.*

_____

6. C'est *ta sœur?* _____

G. Et vous? Answer the questions using a direct object pronoun.

1. Est-ce que vos parents vous aiment?

_____

2. Est-ce que vos amis vous détestent?

_____

3. Est-ce qu'on vous écoute quand vous parlez?

_____

*T*hème et version

A. Version. Put the following into normal, natural English.

1. Ma sœur Jacqueline et son mari Paul arrivent de Nice aujourd'hui. Je vais les chercher à la gare à 10 heures.

_____

_____

2. Il fait trop chaud pour faire la cuisine. Allons manger au restaurant!

_____

_____

B. Thème. Put the following into French.

1. —He doesn't have any brothers?
   —Yes, he has one brother, but he's married and he lives in Bordeaux with his wife.

_____

_____

_____

2. —What's the weather like?
   —It's raining!

_____

_____

3. Luc, I love you, but you don't love me! That's why I don't want to go out with you and that's why I'm leaving. Cécile

_____

_____

*E*t pour finir

Écrivez une lettre. Imagine that an exchange student (Olivier Bur) is coming to live with your family for the summer. Write him a letter describing your real family or one that you invent.

Self-assessment. Identify what will make your letter informative for Olivier so that he will be excited about coming to stay in your country and with your family. Find four elements that will help you achieve this goal.

1. _____

2. _____

3. _____

4. _____

| **Système-D** | **VOCABULARY:** Family members; House; Leisure; Sports |
| | **PHRASES:** Writing a letter (informal) |

1. **Quelles sont les questions?** First, decide what questions the student might have about your family. Make a list.

   Combien de personnes? Leur âge? _____

   _____

   _____

   _____

   _____

2. **Répondez.** Now, answer each of the questions you listed in #1. If more information occurs to you as you are writing, add it.

   _____

   _____

   _____

   _____

   _____

   _____

   _____

   _____

3. **Organisez et écrivez.** Finally use all the information you have gathered about your family into paragraphs to write a real letter. Link your sentences, introduce each paragraph, use **Cher Olivier** to start your letter and close with **Amicalement**. Try to be complete.

   _____ ,

   _____

   _____

   _____

   _____

   _____

   _____

   _____

   _____

   _____

```
┌─────────────────────────────────────────────────────────────────┐
│   _____ │
│   _____ │
│   _____ │
│   _____ │
│   _____ │
│   _____ │
│   _____ │
│   _____ │
│   _____ │
│                                          _____ , │
│                                          _____   │
└─────────────────────────────────────────────────────────────────┘
```

Évaluation. When your letter is finished, read it and keep in mind the four criteria you identified to make this letter informative for Olivier so that he will be excited about coming to your country. Adjust it if you want to emphasize some of these elements and judge whether or not you have used them fully.

Vocabulaire facultatif

Noms

un beau-frère *brother-in-law*
un beau-père *father-in-law, stepfather*
des beaux-parents *(m.pl.) in-laws, stepparents*
une belle-fille *daughter-in-law, stepdaughter*
une belle-mère *mother-in-law, stepmother*
une belle-sœur *sister-in-law*
un degré *degree (temperature)*

un demi-frère *half brother, stepbrother*
une demi-sœur *half sister, stepsister*
un(e) enfant unique *only child*
un gendre *son-in-law*
des jumeaux, des jumelles *twins*
la température *temperature*

Adjectifs

affectueux, affectueuse *affectionate*
infernal(e) *impossible, pesky*

maternel, maternelle *motherly*

Verbe

laver *to wash*

casser *to break*

Divers

à l'intérieur *inside*
au travail! *(let's) get to work!*
ça alors! *no kidding!*
dehors *outside*

il fait... degrés *it's . . . degrees*
il gèle *it's freezing*
il y a du brouillard *it's foggy*
il y a du verglas *the roads are icy*

Vous êtes artiste ou sportif?

Activités de vocabulaire

A. Ils sont artistes ou sportifs? Decide whether each of the following people are **artistes** or **sportifs** based on their activities.

1. Jacques et Paulette font de la musique. _____

2. Sylvie fait du ski. _____

3. Marie-Laure fait de la photo. _____

4. Jean-Pierre fait de la peinture. _____

5. Les Dumont font de la planche à voile. _____

6. Anne fait du dessin. _____

7. Les Sankovitch aiment faire les musées. _____

8. Les Vanderheyden aiment faire de la plongée sous-marine. _____

B. Jeux et loisirs. Use **faire** or **jouer** to say what people are doing.

1. Vincent _____ de la natation.

2. François et Jean-Marc _____ au football.

3. Jacques _____ du violon.

4. Paulette _____ du piano.

5. Sylvie _____ du sport.

6. Thérèse et les chiens _____ une promenade.

C. Alceste et Candide font du sport. Make complete sentences.

1. Candide / jouer / tennis.

_____

2. Alceste / préférer / rester à la maison / pour / regarder la télévision.

_____

3. Candide / faire / jogging, / natation / et / vélo!

_____

4. Pour Alceste, / faire / sport, / c'est / jouer / cartes!

_____

D. Une photo de vacances. Jacques Dubois is showing his family a vacation picture he took while on a group tour in Italy. Complete, using a form of **ce.**

_____ hôtel est très confortable, mais _____ plage n'est pas agréable parce qu'il y a trop de soleil.

J'aime beaucoup _____ homme et _____ femme, mais je déteste _____ garçon. Il n'est jamais

content! _____ petite fille est gentille, mais _____ enfants sont très difficiles.

E. Le désir et la réalité. These people all feel like doing something other than what they're actually doing. Imagine what they feel like doing.

Modèle   Suzanne fait la cuisine, mais...
   Suzanne fait la cuisine, mais elle a envie de jouer au tennis.

1. Jacques et Paulette font la vaisselle, mais...

_____

2. Jean-Marc joue au football à l'école, mais...

_____

3. Sylvie étudie dans sa chambre, mais...

_____

4. Vincent et Thérèse rangent la maison, mais...

_____

5. Je fais mes devoirs de français, mais...

_____

Activités de structure

Les verbes *pouvoir* et *devoir*

A. Trouvez la suite. Choose the response that logically follows the comment or question. More than one may fit.

Non, je dois aller à la banque.
Tu dois parler au professeur.
Tu dois manger moins.
Il doit étudier ce soir.
Tu ne peux pas sortir maintenant!

1. — Je suis trop gros.

   — _____

2. — Mon frère a un examen demain.

   — _____

3. — J'ai des problèmes avec mes devoirs.

   — _____

4. — Il pleut.

— _____

5. — Tu as des dollars canadiens?

— _____

B. Pouvoir, vouloir ou devoir? Complete each sentence with a form of **pouvoir, devoir,** or **vouloir** in the present tense.

1. Tu _____ (vouloir) aller chez Marc ce soir? Il fait une fête.

2. Je ne _____ (pouvoir) pas sortir le soir parce que papa est très sévère.

3. Tu _____ (devoir) partir!

4. Paul et Pierre _____ (pouvoir) partir maintenant.

5. On _____ (devoir) parler français en classe.

6. Nous partons à huit heures. Est-ce que vous _____ (pouvoir) arriver à huit heures moins le quart?

7. Les Martin _____ (vouloir) partir en vacances, mais ils ne

_____ (pouvoir) pas parce qu'ils _____ (devoir) travailler.

8. Nous _____ (devoir) toujours travailler le week-end parce que nous avons un restaurant.

Les pronoms interrogatifs

C. Questions. Complete each question using either **qui, qui est-ce que, qu'est-ce que, quoi est-ce que,** or a form of **quel.**

1. — _____ vous regardez?

— Un film à la télévision.

2. — _____ Pierre aime?

— Marie-Paule.

3. — _____ veut sortir avec moi ce soir?

— Moi!

4. — _____ couleur préférez-vous?

— Le bleu, et vous?

5. — Chez _____ vous allez?

— Chez les Melot.

6. — De _____ ils parlent?

— De l'examen.

7. — _____ aime fumer?

— Vincent!

D. Mais quelle est la question? You have the answer. Now, write the question. The underlined words will be the answer to the question.

1. — _____

   — Je mange <u>une orange</u>.

2. — _____

   — <u>Patrick et Laurence</u> vont souvent à Paris.

3. — _____

   — Les Dubois n'aiment pas <u>Jean Rasquin</u>.

4. — _____

   — Je parle à <u>mon professeur d'anglais</u>.

E. Un soir chez Patrick et Sabine. Use interrogative pronouns and adjectives to complete the conversation between Patrick and Sabine.

— _____ on fait? Il est huit heures, et moi je voudrais manger!

— Comment? Mais nous allons chez les Melot ce soir.

— Chez _____ ?

— Les Melot. À huit heures et demie.

— Oh non! Pas chez eux! Lui, il parle de sa voiture et elle, elle parle de ses enfants. Et aussi, on ne mange pas bien!

— Oui, oui..., mais..., ah, c'est le téléphone... Tu réponds? *(Are you getting it?)*

— Oui. (Patrick au téléphone). Oui, oui, une minute. C'est pour toi.

— Pour moi? C'est _____ ?

— Marie-Laure Melot.

— (Sabine au téléphone). Allô. Oui, bonjour Marie-Laure. Oh, il est malade?! _____ il a?

   Non, non, pas de problème. Oui, c'est ça, au revoir, Marie-Laure, à bientôt.

— (À Patrick) Écoute, André est malade.

— Et nous n'allons pas chez eux!

— Non. Tu as envie d'aller au restaurant?

— D'accord, mais _____ restaurant?

— Je ne sais pas... les Quatre Saisons?

— Avec _____ ? On n'est pas riche!

— Bon, d'accord. On reste à la maison!

— Mais non. Je veux sortir...

— _____ tu veux faire?!

Les expressions négatives

F. Non, non et non! Claudine never agrees with anybody. Say this using the expressions in parentheses.

Modèle   Paul joue au basket? (ne plus)

   Mais non, il ***ne joue plus au basket***.

1. Marc part à Bruxelles? (ne pas)

   Mais non, il _____ .

2. Vous parlez anglais au professeur? (ne jamais)

   Mais non, nous _____ .

3. Patrick et Sabine vont chez les Melot? (ne plus)

   Mais non, ils _____ .

4. Tu vas à la bibliothèque? (ne jamais)

   Mais non, je _____ .

5. Tes amis te détestent? (ne pas)

   Mais non, ils _____ .

G. Mais non! Answer each question with a negative expression (**ne pas, ne jamais, ne plus**). Use each at least once.

1. Vos professeurs sont bêtes?

   _____

2. Vous jouez à cache-cache *(hide and seek)?*

   _____

3. Vous avez dix ans?

   _____

4. Vous allez dormir à sept heures du soir?

   _____

5. Vous pouvez parler anglais en classe?

   _____

H. Jamais de la vie! React to each question using **jamais, jamais de la vie, personne, rien, pas moi,** or **pas question.** Do not use the same expression more than once.

1. Qui aime faire la vaisselle?

   _____

2. Vous voulez sortir avec un homme/une femme beaucoup plus âgé(e) que vous?

   _____

3. Vous étudiez le français le samedi soir, n'est-ce pas?

   _____

4. Qui aime les examens?

   _____

5. Vous voulez jouer aux cartes avec les amis de vos parents?

   _____

6. Mais qu'est-ce que vous avez?!

   _____

𝒯hème et version

A. Version. Put the following into normal, natural English.

1. Allons à la bibliothèque à pied!

_____

2. Je n'ai pas envie de rester... Il n'y a plus de soleil et j'ai froid.

_____

B. Thème. Put the following into French.

1. Jean-Marc plays the piano and his sister plays soccer.

_____

2. — Catherine, what are you doing?
   — Nothing. Why?
   — I feel like eating. You want to go to the restaurant?
   — I can't! I have to study!

_____

_____

_____

_____

𝐸t pour finir

Vos vacances. It's time to start thinking about your vacation. Make your plans, then write to your rich French uncle about them in the hope of receiving some financial help.

Self-assessment. What will make this letter interesting? How are you going to present what you want to do, your problems, and your requests? Make a list of four elements that will contribute to making this a good letter that your uncle will enjoy receiving and reading so that he decides to help you.

1. _____

2. _____

3. _____

4. _____

Système-D

> **VOCABULARY:** Leisure; Sports
> **GRAMMAR:** Persuading; Writing a letter (informal)

1. **Vos goûts.** Make a list of what you'd like to do on your next vacation.

Faire du ski, etc. _____

_____

_____

2. Où? Where will you go or not go on your next vacation? Why?

Dans le Colorado parce que...

_____

_____

_____

_____

3. Une lettre à mon riche oncle français. Now write a short letter to your rich uncle telling him what you want to do on your vacation (hoping for some financial help and definite approval). Don't be too abrupt and give good reasons for your plans. Start with a few general sentences about your life, ask what's going on in France, and tell your uncle about your plans.

Cher Oncle Philippe,

_____

_____

_____

_____

_____

_____

_____

_____

_____

_____

_____

_____

_____

_____

_____

_____

_____

Je t'embrasse bien fort.

_____

Évaluation. Read your letter and return to the criteria you established. How do you need to revise your letter to improve on their implementation? Spend some time revising and checking your spelling, as French people are often quite fussy about spelling.

Vocabulaire facultatif

Noms

un champion, une championne *champion*
un club sportif *sports club*
une course *race*
un court de tennis *tennis court*
un entraîneur *coach*

un jeu (des jeux) *game*
un marathon *marathon*
un match de (tennis, football) *a (tennis, soccer) game*
un stade *stadium*
un terrain de sport *playing field*

Adjectifs

ankylosé(e) *stiff, sore*
cher, chère *expensive*

intéressant(e) *interesting*

Activités

faire de l'aérobic *to do aerobics*
faire de l'alpinisme *to go mountain climbing*
faire de l'athlétisme *to do track and field*
faire de l'aviron *to crew, go rowing*
faire de la course à pied *to go out for track*
faire de l'escalade *to go rock climbing*
faire de la gymnastique *to do exercises, gymnastics*
faire de la luge *to go tobogganing*
faire de la méditation *to meditate*
faire de la musculation *to do bodybuilding*
faire de la moto *to ride a motorcycle*
faire de la planche (à roulettes) *to go skateboarding*
faire des arts martiaux *to do martial arts*
faire du camping *to go camping*
faire du cheval/de l'équitation *to ride a horse,
    go horseback riding*
faire du deltaplane *to go hang gliding*
faire du parapente *to go paragliding*
faire du patinage artistique *to figure skate*

faire du ski acrobatique *to go free style skiing*
faire du ski alpin *to go skiing (downhill)*
faire du ski de fond *to go cross-country skiing*
faire du ski nautique *to water-ski*
faire du surf *to go surfing*
faire du surf des neiges *to go snowboarding*
faire du yoga *to do yoga*
faire un bonhomme de neige *to build a snowman*
jouer à la pétanque *to play pétanque*
jouer au base-ball *to play baseball*
jouer au hockey (sur glace, sur gazon) *to play
    (ice, field) hockey*
jouer au volley-ball *to play volleyball*
jouer aux dames *to play checkers*
jouer aux échecs *to play chess*
jouer de la batterie *to play drums*
jouer de la flûte *to play the flute*
jouer de la trompette *to play the trumpet*
jouer du violoncelle *to play the cello*

Le français familier

faire du skate *to go skateboarding*
faire du snowboard *to go snowboarding*
la gym = la gymnastique

Qu'est-ce qu'on mange?

Activités de vocabulaire

A. Classons! Classify the following food items by categories.

> une banane / le mouton / une pomme de terre / le thon / un gâteau / le lait / une fraise / le chocolat chaud / l'eau / une glace à la vanille / un steak / le thé / les crevettes / des petits pois / le jambon / une tomate / un poulet / la bière / le saumon / une carotte / le café / des haricots verts / le jus de fruit / le chocolat / un bonbon / des épinards / un oignon / le porc / du raisin / un pamplemousse / le bœuf / une laitue / un rôti / des crudités / la charcuterie

les boissons   _____

_____

_____

les viandes   _____

_____

_____

les poissons   _____

_____

_____

les légumes   _____

_____

_____

les fruits   _____

_____

_____

les desserts   _____

_____

_____

B. Quel repas? Which foods from the following list go best with each meal?

des frites / une pizza / un sandwich au fromage / des petits pois / un œuf / le café au lait / la bière /
une glace au chocolat / le yaourt / le pain / le vin / le riz / le jus de fruit / le thé / le poulet /
le lait / une tarte aux pommes / un croissant / la confiture / le champagne / une salade / un fruit /
une omelette / l'apéritif / un bonbon / le Coca-Cola / un steak haché / des restes / une soupe /
des pâtes / le café / une pomme de terre / des haricots verts / les céréales

au petit déjeuner   _____

_____

_____

au déjeuner   _____

_____

_____

au goûter   _____

_____

_____

au dîner   _____

_____

_____

le soir après 9h   _____

_____

_____

C. Ça va bien avec... Write one food that goes well with each of the following items.

1. le sucre: _____   5. la vinaigrette: _____

2. le sel: _____   6. les frites: _____

3. la moutarde: _____   7. le riz: _____

4. la mayonnaise: _____   8. le vin: _____

D. C'est bon ou c'est mauvais pour la santé? Write three food items that fall into each category:

1. C'est bon pour la santé: _____

2. C'est mauvais pour la santé: _____

E. Quand? When do you do the following—*between, after, before, with,* or *during*—various meals?

Modèle   Je sors en ville.
après le dîner

1. J'étudie. _____

2. Je mange une glace. _____

3. Je fais de l'exercice. _____

4. Je regarde la télévision. _____

Activités de structure

Les verbes *boire* et *prendre*

A. Qu'est-ce qu'on boit? Use **boire** to say what each person drinks.

1. Je / un jus de fruit _____

2. Jacques et Paulette / une eau minérale _____

3. Nous / un Coca-Cola _____

4. Vincent / une bière _____

5. Tu / un café _____

6. Vous / un thé _____

B. Qu'est-ce qu'on prend au petit déjeuner? Use **prendre** to say what everyone has for breakfast.

1. Pierre / un yaourt _____

2. Je / une pomme et une banane _____

3. Nous / un café au lait _____

4. Patrick et Michèle / des œufs _____

5. Tu / une pizza _____

6. Vous / un thé _____

C. La vie n'est pas facile! Parents are always telling their children what to do and not do. Use **prendre** or **boire** in the imperative to say this.

1. Sylvie! _____ ton lait! (boire)

2. Jean-Marc et Céline! _____ un fruit comme dessert! (prendre)

3. François! _____ de bonbons maintenant! (ne pas prendre)

4. Cédric et Christine! _____ le chocolat de François! (ne pas boire)

5. Suzanne! _____ de vin quand nous ne sommes pas à la maison! (ne pas boire)

L'article partitif

D. Le régime de Suzanne. Suzanne is on a diet. Complete the text.

Au petit déjeuner, Suzanne prend _____ jus d'orange, _____ yaourt et _____ thé. À midi, elle mange _____ légumes, _____ viande ou _____ poisson, _____ salade et _____ fromage. Elle boit _____ eau. Après le repas, elle prend _____ café avec ses copains. À quatre heures, elle prend _____ fruit. Le soir, elle mange _____ sandwich au fromage ou _____ œuf avec _____ pain.

E. Le régime de M. Lemaigre. M. Lemaigre has got to gain weight! Suggest five things for him to do.

Modèle   Il faut *manger des gâteaux à quatre heures.*

1. Il faut _____ .

2. Il faut _____ .

3. Il faut _____ .

4. Il faut _____ .

5. Il faut _____ .

L'article partitif et l'article indéfini après une expression négative

F. Les repas d'Alceste et de Candide. What are Candide and Alceste's eating habits?

1. Au petit déjeuner, Alceste prend / pain et / café.

_____

2. Au petit déjeuner, Candide prend / jus d'orange, / lait, / céréales, / croissants, / œufs, / pain, / beurre, / confiture et / café avec / sucre.

_____

_____

3. Alceste ne mange jamais / glace / gâteau ou / tarte parce qu'il n'aime pas / sucre.

_____

_____

4. Candide ne prend jamais / épinards, / carottes ou / petits pois et il déteste / fruits.

_____

_____

G. Une lettre froissée. You've found part of a wrinkled letter on the ground. Rain has made it partly illegible. Fill in the missing words.

Chers Papa et Maman,

J'aime bien l'Amérique et _____ Américains, mais je n'aime pas beaucoup la nourriture. Au petit déjeuner, c'est bizarre, on mange toujours _____ céréales avec _____ lait, et moi je déteste _____ lait! Avant, on boit _____ jus d'orange. On ne boit pas _____ vin avec _____ repas, mais on boit _____ café! Moi, j'aime mieux _____ café après _____ repas! À midi, on ne mange pas beaucoup: _____ sandwich ou _____ salade, et c'est tout *(that's all)*. Moi, j'ai toujours faim. Heureusement *(happily)*, on mange souvent _____ glace, et _____ glaces sont très bonnes! ...

H. Et vous? What do you eat and drink? What don't you eat and drink?

1. Au petit déjeuner, je mange _____ ,

    mais je ne mange pas _____ .

    Je bois _____ ,

    mais je ne bois pas _____ .

2. Au déjeuner, je prends _____

    ou _____ ,

    mais je ne prends jamais _____

    parce que _____ .

3. Au dîner, je prends parfois _____

    ou _____ ,

    mais je ne prends jamais _____ .

4. Quand je vais à une fête chez des amis, je mange _____

    _____

    et je bois _____ ,

    mais je ne prends pas _____

    parce que _____ .

*T*hème et version

A. Version. Put the following into normal, natural English.

1. J'ai faim! Je vais prendre un petit quelque chose.

    _____

2. On invite les Dubois à prendre un verre ce soir?

    _____

3. Il faut bien manger pour être en bonne santé!

    _____

B. Thème. Put the following into French.

1. Vincent likes wine, but when he's thirsty, he drinks beer.

    _____

2. I never eat meat, but sometimes I eat fish.

    _____

3. Let's buy something and let's go eat at the beach!

    _____

Εt pour finir

Les Américains / les Canadiens, les Français et la nourriture Un essai comparatif.

Self-assessment. Think about this topic. What will make this essay objective and valuable? Identify four criteria that will ensure the interest and quality of your essay.

1. _____
2. _____
3. _____
4. _____

Système-D

> **VOCABULARY:** Bread; Cheeses; Delicatessen; Drinks; Food; Fruits; Meals; Pastry; Seafood
> **GRAMMAR:** Partitive
> **PHRASES:** Comparing and contrasting

1. Les Américains / les Canadiens et la nourriture.

Au petit déjeuner, les Américains / les Canadiens prennent _____

_____

_____

_____ .

Au déjeuner, les Américains / les Canadiens prennent _____

_____

_____

_____ .

Au dîner, les Américains / les Canadiens prennent _____

_____

_____

_____

_____ .

2. Les Français et la nourriture.

Au petit déjeuner, les Français prennent _____

_____

_____

_____ .

Au déjeuner, les Français prennent _____

_____

_____

_____ .

Au dîner, les Français prennent _____
_____
_____
_____ .

3. **Essai comparatif.** Choose either Americans or Canadians, depending on whom you know best. Write a brief essay comparing American/Canadian and French eating habits using what you know of your people and what you have learned about French habits. Use an introductory sentence to present your topic. Conclude by giving your personal report on your own tastes and dislikes.

_____
_____
_____
_____
_____
_____
_____
_____
_____
_____
_____
_____
_____
_____
_____
_____
_____
_____
_____
_____
_____
_____

Évaluation. Read your essay and check the criteria you identified. What do you need to do in a revision to improve and adhere to these criteria better? Go back to your draft and see what changes you need to make.

𝒱ocabulaire facultatif

Noms

un abricot *apricot*
l'agneau *(m.) lamb*
l'ail *(m.) garlic*
un ananas *pineapple*
un artichaut *artichoke*
une aubergine *eggplant*
un avocat *avocado*
une betterave *beet*
le beurre de cacahuète *peanut butter*
un biscuit *cookie (plain)*
un biscuit salé *cracker*
le boudin *blood sausage*
le brocoli *broccoli*
des cacahuètes *(f.pl.) peanuts*
une cerise *cherry*
la cervelle *brains*
la choucroute *sauerkraut*
un chou-fleur *cauliflower*
une courgette *squash, zucchini*
le crabe *crab*
une crêpe *crepe*
des cuisses de grenouille *(f.pl.) frog's legs*
un escargot *snail*
le foie *liver*
une fondue *fondue*
des fruits de mer *(m.pl.) shellfish*
un gâteau sec *cookie*
un gigot *leg of lamb*
un homard *lobster*

un(e) invité(e) *guest*
le jambon fumé *smoked ham*
la langue (de bœuf) *(beef) tongue*
le lapin *rabbit*
une limonade *a citrus soft drink*
le maïs *corn*
des moules *(f.pl.) mussels*
la mousse au chocolat *chocolate mousse*
des nouilles *(f.pl.) noodles*
un œuf dur *hard-boiled egg*
une olive *olive*
le pain grillé *toast*
une pâtisserie *pastry*
des pieds de porc *(m.pl.) pig's feet*
un poivron *green pepper*
la purée *mashed potatoes*
une quiche *quiche*
un radis *radish*
des ravioli *(m.pl.) ravioli*
un rognon *kidney*
une saucisse *sausage*
une sole *sole*
les spaghetti *(m.pl.) spaghetti*
un steak tartare *steak tartare*
une tartine (à) *slice of bread (and)*
une tisane *herb tea*
des tripes *(f.pl.) tripes (intestines)*
la tête de veau *calf's head*
le veau *veal*

Adjectifs

cru(e) *raw*
cuit(e) *cooked*

épicé(e) *spicy*
farci(e) *stuffed (as in stuffed turkey)*

Divers

à point *medium*
bien cuit *well-done*

bleu *very rare*
saignant *rare*

Le français familier

être bourré(e) *to be drunk*
faire un gueuleton = bien manger

le pinard = le vin (ordinaire)

Qu'est-ce que vous portez?

Activités de vocabulaire

A. Ça va bien ensemble? What goes well with each item?

1. un costume gris et _____

2. une jupe rouge et _____

3. des lunettes de soleil et _____

4. des chaussures et _____

5. un parapluie et _____

6. un tee-shirt rose et _____

7. un bonnet et _____

B. Les bagages. Use the vocabulary you know to make a list of what you brought to the university at the beginning of the year. Include clothes (how many of each and what color) along with other objects.

J'ai apporté _____

_____

_____ .

C. Qu'est-ce que je vais porter? Describe what you would wear in each of the following situations. Be specific (color, style, etc.).

1. Vous allez à l'opéra.

   Je vais porter _____

   _____ .

2. Vous allez à un concert de rock.

   Je vais porter _____

   _____ .

3. Vous allez à un pique-nique en juillet.

   Je vais porter _____

   _____ .

4. Vous allez danser le 31 décembre dans un hôtel très chic.

   Je vais porter _____

   _____ .

5. Vous allez faire une promenade dans la neige.

Je vais porter _____

_____.

D. Budgets. Plan a shopping list for each situation. Decide what you'll need to buy and about how much you are willing to spend for each item. Stay within your budget!

1. Vous avez 200 dollars. Achetez des vêtements pour un voyage en Martinique.

Vêtements	Prix
_____	_____ dollars
_____	_____ dollars
_____	_____ dollars
_____	_____ dollars
_____	_____ dollars
Total:	_____ dollars

2. Vous avez 250 dollars. Achetez des vêtements pour aller à Paris au printemps.

Vêtements	Prix
_____	_____ dollars
_____	_____ dollars
_____	_____ dollars
_____	_____ dollars
_____	_____ dollars
Total:	_____ dollars

E. Fois? Temps? Heure? Complete each sentence with **fois, temps,** or **heure.**

1. J'achète une nouvelle robe, je la porte une ou deux _____ et après, elle reste dans le placard!

2. Quel _____ fait-il à Paris au printemps?

3. Combien de _____ par semaine est-ce que tu vas faire les courses?

4. À quelle _____ est-ce que nous partons?

5. Est-ce que nous avons le _____ de manger quelque chose? J'ai faim!

*A*ctivités de structure

Les verbes comme *finir*

A. Quel verbe choisir? Complete each sentence using a form of one of the verbs in parentheses.

1. Tu _____ à quelle heure? (grossir / finir)

2. Tu manges trop! Tu vas _____. (maigrir / grossir)

3. Vous êtes si mince! Et vous _____? Vous allez être malade! (réfléchir / maigrir)

4. Paul et Pierre ne _____ jamais en classe! (maigrir / réfléchir)

5. Michèle ne _____ jamais les exercices! (finir / grossir)

6. Florence! _____ tes devoirs! (grossir / finir)

B. Encore des verbes! Complete each sentence with the correct form of each verb.

1. Tu _____ (réfléchir) ou tu _____ (dormir)?

2. Est-ce que Patrick _____ (sortir) avec Joëlle ou avec Jacqueline?

3. Vous _____ (partir)? Vous ne _____ (finir) pas aujourd'hui?

4. Je _____ (dormir) trop et je _____ (grossir) toujours pendant les vacances!

5. Benoît et Julien! _____ (finir) votre soupe ou vous _____ (ne pas sortir)!

Le verbe *mettre*

C. On met. Complete each sentence using a form of **mettre**.

1. Aujourd'hui, je vais _____ ma nouvelle robe rouge.

2. Qu'est-ce que vous _____ dans votre sac?

3. Nous _____ un jean pour aller skier.

4. Sylvie _____ souvent son pull orange et son pantalon vert!

5. On _____ un costume quand on travaille dans une banque, non?

6. Marc et Luc, ne _____ pas vos dollars sur le bureau!

7. Je ne _____ jamais de bijoux!

8. Marie! _____ un manteau, il fait froid!

9. _____ nos maillots de bain et allons nager!

D. Quel verbe? Complete each sentence with a form of **mettre** or **prendre**.

1. Les Dumont _____ une pizza, mais moi, je veux _____ des pâtes.

2. Frédéric! _____ ton parapluie! Il pleut.

3. Je _____ une robe et des chaussures, je _____ mon sac et j'arrive!

4. Qu'est-ce que tu _____? Une robe ou un pantalon?

5. Vous _____ votre chien avec vous?

Le passé composé avec *avoir*

E. Et les participes passés? Complete each sentence with the past participle of the verb in parentheses.

1. J'ai _____ une pizza. (prendre)

2. Jean-Marc et Céline ont _____ des survêtements. (mettre)

3. Nous avons _____ le rock. (danser)

4. Marie-Thérèse a _____ ? (finir)

5. Qu'est-ce que vous avez _____ ? (boire)

6. Qu'est-ce que tu as _____ ? (faire)

7. Les Dodgers ont _____ hier! (gagner)

8. Nous avons _____ hier après-midi. (dormir)

F. Du passé au présent. Rewrite each sentence in the present tense.

1. Tu as acheté une télévision?

   _____

2. Nous avons rangé la maison.

   _____

3. Vous avez bu une bière?

   _____

4. Nous avons commencé, et vous?

   _____

5. J'ai dormi dans la voiture!

   _____

6. Ils ont fait la cuisine?

   _____

7. Vous avez pris votre voiture?

   _____

8. Michel a étudié son français!

   _____

9. Vous avez réfléchi?

   _____

10. Les enfants ont mis leurs manteaux?

    _____

G. Du présent au passé. Use the **passé composé** to put each sentence in the past.

1. Vincent et Thérèse chantent la Marseillaise après le repas!

   _____

2. Patrick rencontre Michèle à l'université.

   _____

3. Tu mets des gants?

   _____

4. Nous mangeons à 7 heures.

   _____

5. Je fais de l'exercice.

   _____

6. Nous buvons un café.

   _____

7. Vous dormez ou vous étudiez?

   _____

8. Je donne ma machine à écrire parce que j'achète un ordinateur.

   _____

9. Tu choisis, oui ou non?

   _____

*T*hème et version

A. Version. Put the following into normal, natural English.

1. Tu as l'air fatigué! Tu as besoin de vacances!

   _____

2. J'ai acheté ce costume, je l'ai mis une fois et après, j'ai grossi... Et maintenant, je ne peux plus le mettre!

   _____

   _____

B. Thème. Put the following into French.

1. Let's leave! We don't have the time to finish now.

   _____

2. Béatrice wore her new purple dress twice.

   _____

ℰt pour finir

Une colonie de vacances. You have been hired as a counselor at a French lakeside summer camp for 12-year-olds.

Système-D

VOCABULARY: Clothing
GRAMMAR: Partitive
PHRASES: Advising

1. **À apporter.** Prepare a list of clothes and other items campers will need to bring. Be as specific as necessary (how many, color, style, etc.)

À apporter: _____

_____

_____

_____

_____

_____

_____

_____

_____

_____

2. **À ne pas apporter.** Make a list of things campers are not to bring.

À ne pas apporter: _____

_____

_____

_____

_____

_____

_____

_____

3. **La lettre aux parents.** Write a letter to the campers' parents telling them what their children should and should not bring. Explain why, when necessary. Start with the usual French official beginning and close in the same fashion.

Self-assessment. Before you start writing, consider the notes you made and organize them in a way that will be clear and helpful to the parents. Do not just make a list. Insert the items in sets of reasons and recommendations. Identify four elements that will make your letter useful to the parents and easy to read and understand.

Paris, le _____

Chers Monsieur et Madame,

Veuillez trouver ci-joint la liste de ce que vos enfants doivent apporter pour leurs vacances en juillet.

_____

_____

_____

_____

_____

_____

_____

_____

Attention: Les enfants ne peuvent pas apporter… _____

_____

_____

_____

_____

_____

_____

_____

_____

En vous remerciant, je vous prie d'agréer, chers Monsieur et Madame, l'expression de mes sentiments distingués.

_____

Évaluation. Before sending your letter (submitting it to your instructor), check your criteria and see if you have applied them. Check what you need to change to make sure they are well implemented in your letter.

Vocabulaire facultatif

Noms

une bague *ring*
des baskets *(m.pl.) sneakers*
une botte *boot*
une boucle d'oreille *earring*
un bracelet *bracelet*
une ceinture *belt*
une chemise de nuit *nightgown*
un col *collar*
des collants *(m.pl.) pantyhose, tights*
un collier *necklace*
un col roulé *turtleneck*
un costume trois-pièces *3-piece suit*
un escarpin *dress shoe, pump*
un foulard *scarf (worn for dress)*
des hauts talons *(m.pl.) high heels*

une manche *sleeve*
un mocassin *loafer (shoe)*
une moufle *mitten*
un nœud papillon *bow tie*
une robe bain de soleil *sundress*
une robe décolletée *low-cut dress*
une robe longue *long (evening) dress*
une salopette *overalls*
un smoking *tuxedo*
un tablier *apron*
la taille *size*
une tenue de soirée *evening dress*
un tissu *material, fabric*
un uniforme *uniform*

Adjectifs

à carreaux *checked*
à pois *polka-dot*
à rayures *striped*
assorti(e) *matched*
bleu marine *(invar.) navy blue*
chic *(invar.) chic*
(couleur) pâle *(invar.) pale (color)*
(couleur) vif *(invar.) bright (color)*
décontracté(e) *relaxed, informal*
écossais(e) *plaid*

en coton *cotton*
en cuir *leather*
en laine *wool*
en soie *silk*
large *big (clothing)*
moulant(e) *tight, clingy*
nu(e) *naked*
serré(e) *tight, too small*
sport *(invar.) sporty*
synthétique *synthetic*

Divers

ça (me, te, vous) plaît *(I, you) like that*

du combien chaussez-vous? *what size shoe do you wear?*

Le français familier

B.C.-B.G. (bon chic-bon genre) *preppy*
être débraillé(e) *to be dressed sloppy*

être en petite tenue *to be scantily dressed or naked*
être sur son trente et un *to be all dressed up*

Où est-ce que vous habitez?

Activités de vocabulaire

A. Où? Where in a house can you find the following? Give two possibilities for each item.

SUGGESTIONS: **en bas / en haut / au rez-de-chaussée / au premier étage / à l'extérieur / dans une chambre / dans la cuisine / dans le jardin,** etc.

1. un lit? _____

2. un arbre? _____

3. une baignoire? _____

4. une grande table et des chaises? _____

5. un réfrigérateur? _____

6. un canapé? _____

7. un garage? _____

8. des plantes? _____

9. un lave-linge? _____

B. Pour moi, c'est important! For you, what are the four most important things to have in each place?

SUGGESTIONS: **un fauteuil confortable / une télévision / une chaîne hi-fi / une radio / une salle de télévision avec des fauteuils / du soleil / une salle de bains / une terrasse / un réveil / un lavabo / un restaurant / des légumes / une cuisine / des arbres / des rideaux / un lit / un téléphone / un réfrigérateur / des amis / un bureau / un jardin / une famille / un canapé / des W.-C. / un ordinateur / un chien / un chat / des fleurs / un balcon / un répondeur**

1. Dans votre chambre? _____

_____

2. Dans une maison? _____

_____

3. Dans un jardin? _____

_____

C. Les jours, les mois, les saisons. Use ordinal numbers to give the position of each item.

Modèle   lundi?

    C'est le premier jour de la semaine.

1. jeudi?

_____

2. septembre?

_____

3. décembre?

_____

4. dimanche?

_____

5. janvier?

_____

6. mardi?

_____

D. Une trop bonne soirée. Suzanne is telling a friend why she doesn't feel so good today. Rewrite what she says, adding the adverbs **bien, trop, mal,** and **beaucoup.** Use each adverb only once.

Hier, nous avons dansé, nous avons mangé et nous avons bu. C'est pourquoi nous avons dormi cette nuit!

_____

_____

E. Alceste et Candide cherchent une maison. Alceste and Candide are looking for a furnished house to rent at the beach in August.

1. **Les questions.** Make a list of questions to ask the rental agent.

Modèle   *Il y a une terrasse?*

_____

_____

_____

_____

_____

_____

2. Le plan. Now, look at the following plan and answer their questions.

Modèle   *Oui, il y a une grande terrasse.*

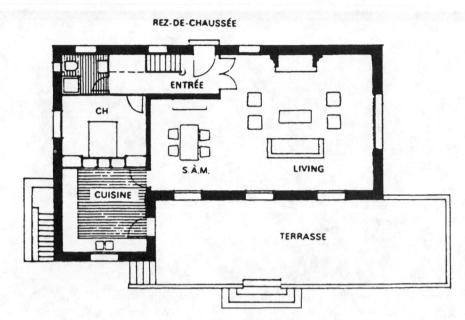

REZ-DE-CHAUSSÉE

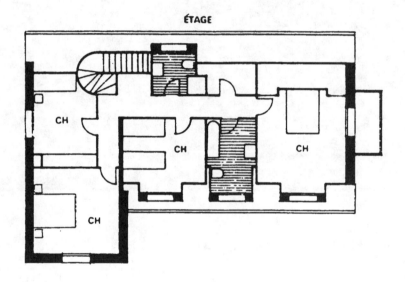

ÉTAGE

_____

_____

_____

_____

_____

_____

F. Luchon, une petite ville française. Look at the map of Luchon, a French spa town in the **Pyrénées** mountains.

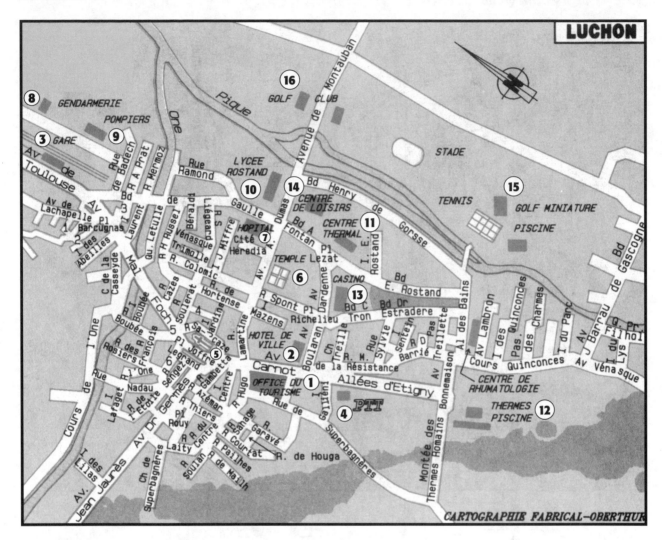

1. **Office du tourisme, avenue Carnot**
2. **Hôtel de ville (services administratifs, police municipale), allées d'Étigny**
3. **Gare SNCF, avenue de Toulouse**
4. **Poste, avenue Galliéni**
5. **Église catholique, place Joffre**
6. **Temple, avenue A. Dumas**
7. **Hôpital, avenue A. Dumas**
8. **Gendarmerie, avenue Clément-Ader**
9. **Pompiers, avenue Clément-Ader**
10. **Lycée Rostand, boulevard de Gaulle**
11. **Centre Thermal, place Lezat**
12. **Thermes, piscine couverte, montée des Thermes Romains**
13. **Casino, place Richelieu**
14. **Centre de loisirs, boulevard Henry de Gorsse**
15. **Tennis-Club, golf miniature, piscine en plein air, allée des Bains**
16. **Golf-Club, avenue de Montauban**

1. Circle the following items on the map: **la gare, l'office du tourisme, le tennis-club, l'hôpital, la poste.**

2. Find your hotel! **Vous allez à l'Hôtel des Bains, 75, allées d'Étigny. L'hôtel est au bout des allées, en face des Thermes.** Indicate the location of your hotel on the map.

3. Now, indicate how to get to the following places. The first one has been done for you.
   (**Bd.** = boulevard, **Al.** = allées, **Av.** = avenue, **Pl.** = place, **R.** = rue, **Qu.** = quai)

• Vous êtes à la gare et vous voulez aller à votre hôtel:

Modèle   *Quand je sors de la gare, je tourne à gauche et je prends l'avenue de Toulouse. Je continue tout droit par l'avenue M^al Foch. À la place Joffre, je prends l'avenue Carnot et je continue tout droit. Mon hôtel est au bout des allées d'Étigny, en face des Thermes.*

• Vous êtes à votre hôtel et vous voulez aller à l'office du Tourisme:

_____

_____

• Vous êtes à l'office du Tourisme et vous voulez aller au Tennis-Club:

_____

_____

• Vous êtes au Tennis-Club et vous devez aller à l'hôpital:

_____

_____

• Vous êtes à l'hôpital et vous voulez aller à la poste:

_____

_____

Et quand vous êtes à la poste, vous êtes tout près de votre hôtel et vous pouvez maintenant rentrer dans votre chambre pour vous reposer *(to rest)* un peu!

*A*ctivités de structure

Les verbes comme *vendre*

A. Associations. Give two verbs that you associate with the following nouns.

1. une maison _____

2. un ascenseur _____

3. des clés _____

4. une lettre importante _____

5. le téléphone _____

B. Conjuguez! Complete each sentence with the present tense of one of the verbs in parentheses.

1. Nous _____ en ascenseur ou par l'escalier? (attendre / descendre)

2. Les Simon _____ en bas. (attendre / vendre)

3. J(e) _____ ma vieille Peugeot pour acheter une petite Renault. (attendre / vendre)

4. Pierre _____ toujours ses lunettes! (répondre / perdre)

5. Il y a quelqu'un à la porte! Vous _____ ? (répondre / vendre)

6. Tu _____ ou tu pars? (attendre / perdre)

7. Vous _____ de la musique? (attendre / entendre)

C. Et au passé? Complete each sentence with the **passé composé** of one of the verbs in parentheses.

1. Nous _____ notre chien! (répondre / perdre)

2. Les Martini _____ leur maison? (vendre / descendre)

3. J(e) _____ du bruit! Pas vous? (vendre / entendre)

4. Tu _____ à tes parents? (répondre / entendre)

5. Vous _____ deux heures? Mais pourquoi? (entendre / attendre)

Le passé composé avec *être*

D. Du passé au présent. Put each sentence in the present tense.

1. Qui est sorti? _____

2. Je suis resté dans ma chambre. _____

3. Tu es allée au cinéma ou tu es rentrée chez toi?

   _____

4. Paul est parti sans moi? _____

5. Ils sont descendus? _____

E. Du présent au passé. Put each sentence in the past using the **passé composé**.

1. Paulette sort tous les week-ends avec Jacques.

   _____

2. Vous allez au restaurant ou vous restez chez vous?

   _____

3. J'arrive à 9 heures et je pars à 5 heures.

   _____

4. Est-ce que les Dubois restent?

   _____

5. Tu rentres ou tu sors?

   _____

F. Hier soir. Choose one of the verbs given in parentheses to complete the dialogue between Stéphane and Éric. Use the **passé composé.**

—Qu'est-ce que tu _____ samedi soir? (faire / partir)

—J(e) _____ avec des copains. (sortir / finir)

—Où est-ce que vous _____ ? (aller / faire)

—On _____ chez Pierre pour prendre l'apéritif. (choisir / aller)

—Vous _____ pendant combien de temps? (rester / dormir)

—Nous _____ à huit heures. (mettre / partir)

—À huit heures?

—Oui, nous _____ dans un petit restaurant. (choisir / aller)

—Qu'est-ce que tu _____ ? (manger / finir)

—J(e) _____ du saumon, mais les autres _____ un steak-frites. (prendre / vendre)

—Et après, qu'est-ce que vous _____ ? (faire / choisir)

—Mes copains _____ danser (réfléchir / partir), mais moi, j(e) _____

chez moi (rentrer / entrer) et j(e) _____ (maigrir / étudier).

—Tu es trop raisonnable!

G. Qu'est-ce que j'ai fait hier? Make a list of ten things you did yesterday, ranking them from most to least important. You may use any verbs you want.

le plus important: _____

_____

_____

_____

_____

_____

_____

_____

_____

le moins important: _____

Le passé composé à la forme négative et à la forme interrogative

H. À la forme négative. Use the expression given in parentheses to make each sentence negative.

1. Tu as trouvé M. Durand? (ne… pas)

_____

2. Il a attendu? (ne… pas)

_____

3. J'ai mangé chez Paulette. (ne… jamais)

_____

4. Ils ont fait la vaisselle. (ne… pas)

_____

5. Vous avez étudié? (ne… pas)

_____

6. La mère de Candide est descendue sans lui! (ne… pas)

_____

7. Il a pris le petit déjeuner? (ne… pas)

_____

8. Tu as mangé du pâté? (ne… jamais)

_____

9. Nous sommes allés aux États-Unis. (ne… jamais)

_____

I. Et hier? Say if you did or did not do the following things yesterday. Be honest!

1. Tu as mangé du yaourt avec des oignons?

_____

2. Tu as regardé Mister Rogers à la télévision?

_____

3. Tu es sorti(e) avec les amis de tes parents?

_____

4. Tu as donné cent dollars à une amie?

_____

5. Tu as pris de la bière avec ton dîner?

_____

6. Tu as mis une cravate violette?

_____

7. Tu as chanté *Edelweiss* sous la douche?

_____

8. Tu as fait de la natation avec ton professeur d'anglais?

_____

9. Tu es parti(e) en vacances?

_____

10. Tu as acheté une voiture?

_____

J. Qu'est-ce qu'ils ont fait hier? Ask questions in order to find out what everybody did yesterday.

1. Marc / étudier?

_____

2. Vous / sortir / au cinéma?

_____

3. Vous / faire / votre lit?

_____

4. Sabine et Chantal / dormir / chez elles?

_____

5. Tu / perdre / ton cahier?

_____

6. Ils / gagner?

_____

7. Jean-Pierre / manger / chez Nathalie?

_____

8. Tu / partir / pour Denver?

_____

K. Des questions. Rephrase the following questions using **est-ce que** or inversion.

1. Tu as étudié hier soir?

_____

2. Ils sont partis à Tahiti?

_____

3. Vous avez fini?

_____

4. François a bu son lait?

_____

5. Nous sommes arrivés?

_____

6. Luc et Diane n'ont pas trouvé leurs clés?

_____

$\mathcal{T}$hème et version

A. Version. Put the following into normal, natural English.

1. Ma Citroën a coûté 29.000 euros et maintenant, je dois beaucoup d'argent à la banque!

   _____

2. Ma chambre est au premier étage.

   _____

3. J'ai trouvé un assez grand trois-pièces au rez-de-chaussée, avec une cave et un jardin.

   _____

   _____

4. Sébastien n'est pas encore arrivé?

   _____

   _____

B. Thème. Put the following into French.

1. — He's not leaving!
   — Yes, with Nicole!

   _____

   _____

2. I haven't eaten anything! I'm going to eat something!

   _____

3. To go to the train station, take the first street on the right and keep on going straight ahead.

   _____

   _____

$\mathcal{E}$t pour finir

La maison de mes rêves! (*My dream house!*) Think about your dream house.

Self-assessment. Identify what would make your dream house ideal and its description captivating. List four of the elements that would contribute to the interest of your reader.

1. _____

2. _____

3. _____

4. _____

Système-D

VOCABULARY: House
PHRASES: Describing objects
GRAMMAR: Prepositions of location

1. Ma liste. What's your dream house like?

Où? À _____

Grande! Petite! Moderne! Ancienne! Claire! Sombre!, etc. _____

_____

Combien d'étages? _____

Combien de pièces? Combien de chambres? Combien de salles de bains? _____

_____

À l'extérieur: Un jardin? Grand? Petit? Avec des arbres, des fleurs, des légumes? Une piscine? Une terrasse?

_____

_____

2. Mon plan. On a separate sheet of paper, draw a plan of your house. Label and furnish it.

3. Un paragraphe. In a paragraph, describe the house you have drawn for someone who does not see the plan. Be sure to include details, colors, shapes, and location of objects and rooms. Link your sentences and include some evaluative expressions such as **C'est très confortable..., J'aime... parce que...**

_____

_____

_____

_____

_____

_____

_____

_____

_____

_____

_____

_____

Évaluation. Now read your paragraph, and check the criteria you identified earlier. Revise your paragraph to ensure that you have implemented all your ideas and requirements.

Vocabulaire facultatif

Noms

un bidet *bidet*
une buanderie *laundry (room)*
un buffet *sideboard*
un canapé-lit *sofa-bed*
une chambre d'ami *guest room*
un château *manor house, castle*
le chauffage *heating*
la climatisation *air-conditioning*
un duplex *two-story apartment*
un four *oven*
un four à micro-ondes *microwave oven*
un jacuzzi *jacuzzi*
un lampadaire *floor lamp*

le loyer *rent*
une maison de campagne *house (cottage) in the country*
un plafond *ceiling*
un plan *floor plan*
un plancher *floor*
un prix *price*
un radiateur *radiator*
une résidence secondaire *vacation home*
une salle de jeu *playroom*
un studio *studio*
une table basse *coffee table*
un terrain *piece of land, plot, field*

Adjectifs

bas, basse *low*
étroit(e) *narrow*
haut(e) *high*
large *wide, broad*

meublé(e) *furnished*
séparé(e) *separate*
spacieux, spacieuse *spacious*

Verbe

louer *to rent*

Divers

un deux-pièces *one-bedroom apartment*

un trois-pièces *two-bedroom apartment*

Au travail!

Activités de vocabulaire

A. C'est ou il est? Complete each item with either: **c'est, ce sont, il est, elle est, ils sont,** or **elles sont.**

1. Voilà Madame Domont. _____ la secrétaire de Monsieur Lacroix.

2. Voilà Mademoiselle Bastin. _____ médecin à Cinet.

3. Voilà Monsieur Saïdi et Mademoiselle Jacob. _____ ingénieurs chez Bovy.

4. Voilà Monsieur Renglet. _____ un bon dentiste.

5. Voilà Monsieur Lionnet et Mademoiselle Caron. _____ des employés sérieux et travailleurs.

6. Voilà Monsieur Bastin. _____ agriculteur.

B. Trouvez le verbe. Use one of the following verbs to complete each sentence. Use the tense given in parentheses.

entendre / expliquer / décider / diriger / gagner / oublier / sonner / utiliser

1. Est-ce qu'on _____ beaucoup d'argent quand on est employé de banque? (présent)

2. Tu _____ ? On _____ à la porte! (passé composé)

3. Patrick et moi, nous sommes ingénieurs et nous _____ un atelier de cent ouvriers dans une grande usine de Lille. (présent)

4. J'_____ beaucoup l'ordinateur au bureau. (présent)

5. Les Dubois _____ d'aller habiter à Nice. (passé composé)

6. N'_____ pas tes clés! (impératif)

7. Paul _____ son problème, et maintenant je comprends pourquoi il n'est pas content. (passé composé)

C. Quel est leur métier? What kind of job might these people have?

1. Marc travaille dans un magasin. Il est _____.

2. Marie-Claire travaille dans une usine. Elle est _____.

3. Jean-Pierre travaille dans un restaurant. Il est _____.

4. Hélène travaille dans un bureau. Elle est _____.

5. Béatrice est juriste dans une grande banque. Elle est _____.

D. Des vêtements et des métiers. Play detective! Try to figure out each person's occupation from the clothes he or she is wearing.

Modèle   Numéro 1 *Elle est secrétaire.*

Numéro 2 _____

Numéro 3 _____

Numéro 4 _____

Numéro 5 _____

Numéro 6 _____

Numéro 7 _____

E. Qu'est-ce qu'ils font? Here are some people and their professions. What kinds of activities does each one do at work?

1. Vincent Dubois est agent immobilier: _____

_____

2. Madame Lacroix est mère de famille: _____

_____

3. Le fils de Monsieur Bastin est garagiste: _____

_____

4. Monsieur Bovy est chef d'entreprise: _____

_____

F. Qualités et métiers. Give two qualities necessary for each of the following professions.

1. Pour être policier, il faut être _____ .

2. Pour être agriculteur, il faut être _____ .

3. Pour être infirmier ou infirmière, il faut être _____ .

G. Je voudrais... What would you like to be doing five years from now? thirty years from now?

Dans cinq ans, _____

_____

_____

_____

_____ .

Dans trente ans, _____

_____

_____

_____

_____ .

Activités de structure

Parler au passé: l'imparfait

A. L'enfance de Mademoiselle Bastin. Mademoiselle Bastin is telling what her life was like on the farm when she was young. Put the verbs in the **imparfait**.

Quand j' _____ (avoir) 12 ans, j' _____ (aller) à l'école. L'école

_____ (être) très loin et je _____ (prendre) souvent mon vélo.

Quand il _____ (neiger), c' _____ (être) pénible, mais en été,

j' _____ (aimer) beaucoup. Quand je _____ (rentrer) l'après-midi,

à quatre heures et demie, je _____ (travailler) avec maman dans la maison et mes frères

_____ (travailler) avec papa dans la ferme. Nous ne _____ (perdre)

pas de temps (*We didn't waste time*)! Nous _____ (finir) à six heures, et nous

_____ (commencer) nos devoirs tout de suite (*right away*). Nous _____

(étudier) toujours dans la cuisine pendant que maman _____ (faire) la cuisine. Nous

_____ (manger) à huit heures, mais quand papa _____ (avoir)

beaucoup de travail, au printemps, il _____ (manger) seul, après nous. Après le dîner, nous

_____ (pouvoir) jouer un peu. À dix heures, nous _____ (prendre)

toujours une tasse de thé et puis, nous _____ (aller) dormir. Je _____

(dormir) seule, mais mes frères _____ (partager) une chambre. Parfois, je

_____ (pouvoir) aller dormir chez une amie. Moi, je _____

(préférer) aller chez Marie-Claude, parce qu'il y _____ (avoir) la télévision chez elle, et

nous _____ (regarder) toujours la télévision après le dîner!

Parler au passé: l'imparfait et le passé composé

B. Le week-end de Monsieur Lacroix. It's Monday and M. Lacroix is telling Mme Domont, his secretary, about his weekend. Complete what he says, putting the verbs in parentheses in the **passé composé** or **imparfait**.

Vendredi soir, après le dîner, ma femme et moi, nous _____ (aller) chez des amis pour jouer aux cartes. Quand nous _____ (partir) de chez eux, à minuit, il _____ (neiger)! Alors, nous _____ (arriver) chez nous à deux heures du matin. C'est pourquoi, samedi matin, nous _____ (dormir) jusqu'à *(until)* dix heures. Après, j(e) _____ (aller) au bureau pour travailler. Le soir, nous _____ (regarder) la télévision parce qu'il y _____ (avoir) un film avec Jeanne Moreau, et moi, j'adore Jeanne Moreau! Dimanche, nous _____ (prendre) le déjeuner en famille à la maison, et puis nous _____ (faire) une petite promenade dans la neige. Mais il _____ (faire) trop froid, alors nous _____ (rentrer) pour boire du vin chaud et lire un bon livre. Et voilà mon week-end. Rien de spécial, n'est-ce pas!

C. Et le week-end de Madame Domont? Now, it's Mme Domont's turn to talk about her weekend. Complete what she says with the verbs in parentheses in the **passé composé** or the **imparfait.**

Eh bien moi, j(e) _____ (faire) beaucoup de choses ce week-end! Dimanche, c(e) _____ (être) notre anniversaire de mariage. Alors, samedi, j(e) _____ (faire) le ménage et les courses, parce que nos trois enfants _____ (aller) manger chez nous dimanche midi. Samedi soir, j(e) _____ (faire) la cuisine, mais mon mari, lui, _____ (regarder) le film à la télé. Nous _____ (aller) dormir à minuit, et moi, j(e) _____ (être) très fatiguée! Dimanche matin, j(e) _____ (finir) le repas et mon mari _____ (mettre) la table. À midi, les enfants _____ (arriver), nous _____ (prendre) l'apéritif et puis nous _____ (manger). C(e) _____ (être) très bon! Je fais très bien la cuisine! Et maintenant, je suis au régime!!!

Les pronoms relatifs *qui* et *que*

D. Une rencontre. Find out what Sébastien and Alex are talking about by filling in the blanks with **qui** or **que.**

— Regarde! C'est la fille _____ je voulais rencontrer!

— La fille _____ parlait avec Pascal hier?

— Non, la fille _____ était au McDonald derrière nous!

— La petite brune _____ tu regardais tout le temps?

— Oui, oui...

— Tu es fou?! Elle sort avec un garçon _____ fait du karaté!

E. Qui, que ou qu'est-ce que? Complete each sentence with **qui, que,** or **qu'est-ce que.**

1. — _____ tu veux?

   — Moi? Je veux le gâteau _____ tu manges!

2. Je n'aime pas l'homme _____ tu regardes. Il a l'air bizarre!

3. — _____ vient ce soir?

   — Marc, Jean-Paul, Marie-Pierre, Sandrine, Véronique et le garçon _____ j'ai
   rencontré pendant les vacances.

   — _____ ?

   — Eh bien, Scott, un Américain _____ habite à Paris cette année et

   _____ je trouve très sympathique!

Thème et version

A. Version. Put the following into normal, natural English.

> Chère Anne,
>
> Comment vas-tu? Moi, ça va très bien. J'ai trouvé un nouveau boulot dans une banque près de chez
> moi. J'aime beaucoup! Mon patron est sympathique et je suis bien payée. Avant, je travaillais comme cadre
> dans une entreprise à Clermond-Ferrand. Je n'aimais pas du tout! C'était beaucoup trop loin, je devais
> souvent travailler le week-end, et j'étais tout le temps fatiguée! Et toi? Toujours heureuse à Chicago? Tu
> rentres à Cinet cet été? Je vais peut-être aller à Chicago en mai. Je peux dormir chez toi?
>
> Un grand bonjour à ton mari et aux enfants, et à bientôt peut-être!
>
> Christiane

_____

_____

_____

_____

_____

_____

_____

_____

_____

_____

B. Thème. Put the following into French.

1. — Mike, what were you doing when I came in?
   — Me? I was studying!
   — That's not true. I heard the television. You were watching television, weren't you? You have an exam tomorrow, you can't watch television, you have to study!

_____

_____

_____

_____

_____

2. Look at the man who's eating next to the window. That's the man I met at the bank yesterday.

_____

_____

$\mathcal{E}$t pour finir

Mon journal intime. Write your diary entry for yesterday.

Self-assessment. Identify four elements that are necessary to make this diary a real, personal diary and memorable to you in the future.

1. _____

2. _____

3. _____

4. _____

Système-D

| **GRAMMAR:** Compound past tense; Past imperfect |
| **PHRASES:** Sequencing events |

1. **La liste.** Make a list of what happened yesterday.

_____

_____

_____

_____

_____

_____

_____

_____

_____

2. **Des notes.** Jot down some notes about what things were like yesterday. What was the weather like? What kind of mood were you in?, etc.

_____

_____

_____

_____

_____

_____

3. **Des émotions.** Jot down your reactions and emotions to the events and the words you wrote in the previous activities.

_____

_____

_____

_____

_____

_____

4. **Organisez et écrivez.** Now write your diary entry, but compose a real page of events and their circumstances. For this, put together what happened yesterday with what things were like. Explain your notes and the events in a logical relationship, using expressions such as **et après,… / et puis,… / comme,… / mais,… / parce que,…** etc. Also describe your reactions to the feelings and the emotions you felt throughout the day.

_____

_____

_____

_____

_____

_____

_____

_____

_____

_____

_____

_____

_____

_____

_____

_____

_____

_____

_____

Évaluation. When your diary entry is finished, read it as if this had happened to someone else. Check the criteria you identified earlier. What is missing? What needs to be changed? Revise before turning it in to your instructor to make it more powerfully your own writing and a reflection of your own personality and life.

Vocabulaire facultatif

Noms

un acteur, une actrice *actor, actress*
un(e) architecte *architect*
un artisan *craftsperson (self-employed)*
un cabinet *office (professional)*
un cadre moyen *middle executive*
un cadre supérieur *top executive*
un chanteur, une chanteuse *singer*
un chercheur *scientist, researcher*
un(e) cinéaste *movie producer/director*
un(e) comptable *accountant*
un courtier *broker*
un curriculum vitae *curriculum vitae*
un dossier *file, folder*
un écrivain *writer*
une femme d'affaires *businesswoman*
la gestion *management*
une grosse entreprise *big business*
un homme d'affaires *businessman*

un informaticien, une informaticienne
  computer scientist
l'informatique *(f.) computer science*
un(e) journaliste *journalist*
un mannequin *model*
un mécanicien, une mécanicienne *mechanic*
un militaire *person in the military*
un musicien, une musicienne *musician*
un notaire *notary public (lawyer)*
un PDG (PDG = Président-Directeur Général)
  president, Chief Executive Officer (CEO)
une petite entreprise *small business*
un pharmacien, une pharmacienne *pharmacist*
les professions libérales *(f.pl.) professions*
un restaurateur *restaurant owner*
une société *company*
un technicien, une technicienne *technician*

Adjectifs

médiocre *mediocre*

rapide *fast, rapid*

Verbes

aider (qqn à + inf.) *to help*
classer *to classify*
engager *to hire*

enseigner (qqch à qqn) *to teach*
licencier *to fire*
soigner *to treat (medically), look after*

Divers

être engagé(e) *to be hired*
être licencié(e) *to be fired*
faire carrière dans *to make a career in*
faire de la recherche *to do research*

faire un stage *to be in a training program*
prendre des notes *to take notes*
travailler à mi-temps *to work part-time*
travailler à temps complet *to work full time*

Une invitation chez les Dumas

Activités de vocabulaire

A. Qu'est-ce qu'on mange...? Name two or three things you eat with the following "tools."

1. Avec un couteau et une fourchette? On mange _____
_____.

2. Avec une petite cuillère? On mange _____
_____.

3. Avec une cuillère à soupe? On mange _____
_____.

4. Avec les mains? On mange _____
_____.

B. Mettre la table. You've invited five friends for a formal sit-down dinner and you're setting the table. Make a list of everything you need for an elegant table.

D'abord, il faut mettre une belle nappe. Et puis, j'ai besoin de six fourchettes pour l'entrée, de
_____
_____
_____
_____
_____

C. Où est-ce qu'on achète? Where could you buy the following items? Do not say **un supermarché!**

1. Du pain: dans _____
2. Du pâté: dans _____
3. Du sucre: dans _____
4. Un gâteau: dans _____
5. Du bœuf: dans _____
6. Des croissants: dans _____
7. Des bananes: dans _____
8. Des aspirines: dans _____

D. Trouvez le mot. Frédéric is at the market to buy a few things for dinner. Complete his order using **tranche, morceau, kilo, bouteille,** or **boîte.** Use all the possibilities given and pay attention to article use. Do not repeat yourself.

Bonjour, Monsieur. Je voudrais un _____ de tomates, une _____

de jambon, un _____ de fromage, une _____ de lait et une

_____ de petits pois, s'il vous plaît.

E. Tout le monde paie. Everybody is paying at the check-out counter. Complete each sentence with a present-tense form of **payer.**

1. Je _____ mes tomates et mes carottes.

2. Jean-Luc _____ son poulet.

3. Anne et Jacques _____ leurs croissants.

4. Vous _____ vos légumes.

5. Nous _____ notre vin.

6. Tu _____ ma glace???

F. Ouvrir ou offrir? Complete each sentence with a form of **offrir** or **ouvrir** in the tense indicated.

1. Tu _____ un verre à tout le monde? (présent)

2. Il fait chaud! _____ la fenêtre, tu veux bien? (impératif)

3. Qu'est-ce qu'on _____ quand on est invité chez des amis? (présent)

4. J(e) _____ des fleurs à Thérèse et des chocolats à Vincent. (passé composé)

5. Nous avons entendu du bruit et nous _____ la porte, mais il n'y avait personne!
   (passé composé)

6. Alors, c'est vrai, vous _____ un nouveau restaurant? (présent)

7. Mon grand-père _____ une rose à ma grand-mère tous les jours. (imparfait)

8. Les Martin _____ toujours la fenêtre pour dormir parce que c'est bon pour la santé.
   (présent)

G. L'histoire de Sabine. Sabine is telling a story, but she forgot all the forms of **tout.** Help her out.

C'était dimanche. _____ le monde était chez moi, comme _____ les dimanches.

_____ à coup, on a entendu du bruit dans le jardin. _____ les enfants sont sortis,

_____ les femmes ont regardé par la fenêtre mais _____ les hommes ont continué à

regarder le match de football France-Italie à la télé! C'était un chat qui était dans un arbre et qui voulait

descendre. Dominique est montée dans l'arbre _____ de suite, mais elle est tombée... Alors, nous

sommes allés à l'hôpital et nous avons attendu un médecin _____ la nuit! Et ce n'est pas

_____ …!

Activités de structure

Le verbe *venir*

A. Venir à tous les temps. Complete each sentence with a form of **venir** in the tense indicated.

1. Nous _____ à trois heures, ça va? (présent)

2. Les enfants! _____ tout de suite! (impératif)

3. Tu _____ , oui ou non? (présent)

4. Je ne _____ pas sans lui! (présent)

5. Frédéric _____ de Bruxelles ce matin. (passé composé)

6. Les Haubert _____ avec les enfants. (présent)

7. Pierre et Chantal _____ tout le temps chez nous. (imparfait)

8. Est-ce que Sabine et Jacqueline _____ ? (passé composé)

B. Mais... Candide has a very short memory today, and Alceste is setting things right. Everybody has just done what Candide thinks they are doing.

Modèle   — Tu manges?

           — Mais *je viens de manger!*

1. — Marie-Claire va à la banque.

   — Mais _____ !

2. — Tu dors?

   — Mais _____ !

3. — Nous prenons le dîner?

   — Mais _____ !

4. — Les Benoit descendent?

   — Mais _____ !

5. — Paul et Micheline achètent une nouvelle voiture.

   — Mais _____ !

Les expressions de quantité

C. Une soirée. Suzanne is telling a friend about the dinner she had yesterday. Complete her description with expressions of quantity. Do not use the same expression twice.

     Hier, je suis allée manger chez les Lepoivre. On a très bien mangé. On a commencé avec une

_____ soupe de poisson. Après, nous avons pris une _____ jambon

avec du melon, avec un _____ de vin blanc. Et puis, un steak au poivre avec

_____ frites, et, bien sûr, une _____ vin rouge. Après, j'ai pris un

_____ fromage avec du pain et, pour le dessert, un _____ gâteau au

chocolat. Mais aujourd'hui, j'ai mal à la tête parce que j'ai bu _____ vin!

D. Dans le frigo. Imagine what is and what is not in the refrigerator of the following people. Be specific and include quantities when possible.

1. Dans le frigo d'une famille de six enfants, il y a _____

_____

_____

_____ .

   Il n'y a pas _____

_____

_____ .

2. Dans le frigo du professeur, il y a _____

_____

_____

_____ .

   Il n'y a pas _____

_____

_____ .

E. Un régime difficile. M. Legros is on a diet. The following is what the doctor told him to eat or not eat. Complete each sentence with **un, une, des, d', du, de la, de l', de, le, la, les,** or **l'.**

Le matin, prenez _____ yaourt avec _____ fruit, mais surtout ne prenez pas _____ œufs et pas _____

pain non plus, d'accord? Comme boisson, vous pouvez prendre une tasse _____ café si vous voulez. Vous aimez

_____ sucre, mais vous ne devez pas prendre _____ sucre dans votre café! À midi, vous pouvez prendre une

tranche _____ pain avec _____ salade, mais pas _____ beurre, n'est-ce pas! Et buvez _____ eau, ne buvez

pas _____ vin! Vous adorez _____ pâtisseries et _____ gâteaux, mais à quatre heures, vous allez manger

_____ pomme! Vous n'aimez pas _____ pommes? Bon, alors, _____ orange ou _____ fraises. Le soir, vous

pouvez prendre une assiette _____ soupe, _____ viande ou _____ poisson, _____ légumes et un petit

morceau _____ fromage. Mais pas _____ dessert! Oui, oui, vous pouvez boire un verre _____ vin, mais

un petit, n'est-ce pas? Voilà.

Le verbe *voir*

F. Voir à tous les temps! Complete each sentence with a form of **voir** in the tense indicated.

1. Marie et Guy ne _____ jamais leurs parents. (présent)

2. C'est le printemps! J(e) _____ une fleur! (passé composé)

3. Janine a besoin de lunettes. Elle ne _____ plus rien! (présent)

4. Quand nous étions petits, nous _____ nos grands-parents tous les dimanches. (imparfait)

5. Tu _____ ? Christelle sort avec Jean-François! (passé composé)

6. Je ne _____ pas pourquoi la voiture ne part pas. (présent)

7. Nous _____ le nouveau film de Woody Allen. Vous l(e) _____ ? (passé composé)

8. Vous _____ souvent vos parents? (présent)

9. Avant, les Dupont _____ souvent les Hébert, mais maintenant, ils habitent trop loin et c'est fini. (imparfait)

*T*hème et version

A. Version. Put the following into normal, natural English.

1. — Partons tout de suite! Je n'aime pas du tout ce restaurant!
   — Moi non plus! Cherchons un restaurant bon marché!

   _____

   _____

2. Malheureusement, je viens de prendre des frites! Je n'ai plus faim!

   _____

   _____

3. — J'ai mal à la tête!
   — Prends de l'aspirine!

   _____

   _____

B. Thème. Put the following into French.

1. Miss! The check, please!

   _____

2. I'd like a piece of cake and a cup of tea with lemon and sugar.

   _____

3. We just got here (arrived)!

   _____

$\mathcal{E}$t pour finir

Le déjeuner à l'école. The following is a typical one-week menu at a French grade school. Read it and answer the questions. Later you will write a comparison of eating habits as exemplified in school lunches.

Self-assessment. Ask yourself what a good comparison should be. How should you organize it? Will there be general remarks? Which ones? Will you compare special aspects of the meals or present particularities of each? How will you conclude? Should you react and give an evaluation? Will this be a personal reaction or will you try to be more appreciative of cultural differences? What questions does this comparison raise for you? Identify four criteria for making a good comparison.

1. _____

2. _____

3. _____

4. _____

Système-D

VOCABULARY: Food; Meals
GRAMMAR: Partitive
PHRASES: Comparing and contrasting

LUNDI:	Salade de tomates et cœurs d'artichauts; Lapin en gibelotte; Pommes vapeur; Camembert; Orange.
MARDI:	Salade bruxelloise; Rosbif sauce olive; Petits pois; Brie; Gâteau de riz.
MERCREDI:	Salade composée; Escalope de dinde panée; Coquillettes au beurre; Raclette; Compote de pommes à l'orange.
JEUDI:	Céleri rémoulade et carottes rapées; Poulet rôti; Haricots beurre sauté, Reblochon; Cocktail de fruits au sirop.
VENDREDI:	Quiche lorraine; Cabillaud sauce verte; Chou-fleur à la moutarde; Emmenthal; Kiwi.

1. Par quoi est-ce que les enfants français commencent souvent leur repas?

_____

2. Qu'est-ce que les enfants ont toujours après le plat principal et avant le dessert?

_____

3. Qu'est-ce qu'il y a souvent comme dessert?

_____

4. Qu'est-ce que c'est? (de la viande? un légume? du poisson? du fromage?)

Cœurs d'artichauts: _____

Lapin en gibelotte: _____

Reblochon: _____

Cabillaud sauce verte (c'est vendredi!): _____

Chou-fleur: _____

5. Inventez un menu typique dans une école américaine ou canadienne.

Lundi: _____

_____

Mardi: _____

_____

Mercredi: _____

_____

Jeudi: _____

_____

Vendredi: _____

_____

6. Now write a paragraph comparing school lunches in France and in your country. Ask yourself what a good comparison should be. How will you organize it? Will there be general remarks? Will you compare special aspects of the meals or present particularities of each? How will you conclude? Should you react and give an evaluation? Will this be a personal reaction or will you try to be more appreciative of cultural differences? What questions does this comparison raise for you? To compare, use the expressions: **plus, moins, aussi, autant, je préfère,** etc.

_____

_____

_____

_____

_____

_____

_____

_____

_____

_____

_____

_____

_____

Évaluation. Read over your paragraph. Does it include attention to the criteria you originally determined? Check the criteria and make any adjustment to your paragraph that might be necessary to make a better comparison.

Vocabulaire facultatif

Noms

un bol (de) *bowl (of)*
un boucher, une bouchère *butcher*
un boulanger, une boulangère *baker*
une boutique *small store*
une carafe (de) *carafe (of)*
une casserole *pan, pot*
un charcutier, une charcutière *pork butcher*
un épicier, une épicière *grocer*
un(e) fleuriste *florist*
un grand magasin *department store*

un(e) libraire *bookstore owner*
une librairie *bookstore*
une librairie-papeterie *book and paper store*
une livre (de) *pound (of)*
un pâtissier, une pâtissière *pastry chef/shop owner*
le plat du jour *special of the day*
une poêle *skillet, frying pan*
une poissonnerie *fish store*
une soucoupe *saucer*

Adjectif

utile *useful*

Le français familier

une chope (de bière) *mug (of beer)*
prendre une chope (de bière) = prendre une bière

vachement = très

Que faire un jour de pluie?

*A*ctivités de vocabulaire

A. Pourquoi est-ce qu'on va... Write down the reason(s) you go to the following places.

1. à la poste? Pour _____.

2. au bureau de tabac? Pour _____.

3. à la librairie? Pour _____.

4. à la bibliothèque? Pour _____.

5. au café? Pour _____.

6. dans un cybercafé? Pour _____.

B. Associations. List three things you associate with the following words.

1. un facteur: _____

2. une carte postale: _____

3. un journal: _____

4. un timbre: _____

5. les études à l'université: _____

6. l'Internet: _____

C. Complétez. Complete the sentences with one of the following verbs or phrases. Use the present tense or the imperative: **être au courant de, être en train de, poser une question, réussir, envoyer, demander.**

1. Paul _____ si tu veux aller au restaurant ce soir avec nous.

2. Les Dumont _____ toujours des cartes postales à tous leurs amis quand ils sont en vacances.

3. Écoute bien, et _____ si tu as des problèmes, d'accord?

4. Ne parle pas! J(e) _____ étudier!

5. Est-ce que les Canadiens / les Américains _____ la politique française?

6. Stéphane, Béatrice, Michel et Nathalie _____ toujours leurs examens en juin et ne doivent jamais étudier pendant les vacances d'été.

D. Qu'est-ce que c'est? Give the words that correspond to the following definitions.

Modèle   Il écrit des romans.
   un écrivain

1. Il est sur les enveloppes. _____

2. Il apporte les lettres. _____

3. Elle travaille pour un journal. _____

4. Ce sont les lettres, les magazines, les journaux, etc. qui arrivent à la maison le matin. _____

5. C'est pour mettre les lettres qu'on envoie. _____

6. C'est dans les journaux et à la télévision, pour vendre des choses. _____

7. Elle est sur les enveloppes. _____

8. C'est le temps qu'il va faire demain. _____

9. Le monopoly: _____

10. Ce sont les messages qui arrivent et qu'on envoie par ordinateur. _____

*A*ctivités de structure

Les verbes de communication: *dire, lire, écrire*

A. Conjuguez. Complete each sentence with **dire, lire,** or **écrire,** in the tense indicated.

1. Qu'est-ce que vous _____ ? (lire, présent)

2. Mes parents _____ qu'ils arrivent ce week-end. (écrire, présent)

3. Est-ce que tu _____ les romans de Balzac? (lire, passé composé)

4. Qu'est-ce que vous _____ ? (dire, présent)

5. À 9 ans, je _____ Jules Verne. (lire, imparfait)

6. _____ une carte postale de Rome, tu veux bien? (écrire, impératif)

7. Tu _____ ? (dire, imparfait)

8. Les Dubois _____ qu'ils vont partir. (dire, présent)

9. Qu'est-ce que ton professeur _____ ? (écrire, passé composé)

10. Moi, je _____ que c'est vrai! (dire, présent)

B. Comment dire? How would you say the following in French?

1. What's he saying? _____

2. What did they say? _____

3. You were saying… _____

4. I didn't say anything. _____

5. What does **annuaire** mean? _____

6. How do you say *all the time* in French? _____
_____

Les pronoms d'objet indirect

C. Une nouvelle vie! Fabien has just found a wonderful job in a big city and he's moving out of the house where he grew up. He's talking to himself as he decides what to do with all the things he can't take with him. Follow the model.

Modèle Ma mère... mon bureau?
Oui, je lui donne mon bureau.

1. Mes petites sœurs... tous mes disques de rock?

_____

2. Mon frère... mes skis?

_____

3. Mes parents... mon chien?

_____

4. Ma grand-mère... mon canapé?

_____

5. ? _____ ... _____ ?

_____

D. Trouvez les pronoms. Answer the questions, replacing the words in italics with an indirect object pronoun.

1. Est-ce que vous écrivez souvent *à vos parents?*

_____

2. Est-ce que vous avez téléphoné *à votre professeur* hier soir?

_____

3. Est-ce qu'on *vous* offre parfois des fleurs?

_____

4. Est-ce que vous voulez parler *au président de votre université?*

_____

5. Est-ce que vos amis *vous* disent tous leurs problèmes?

_____

6. Est-ce que vous avez déjà demandé de l'argent *à vos grands-parents* pour acheter une voiture?

_____

7. Est-ce que vous devez répondre *au professeur* en français ou en anglais?

_____

E. Mais de quoi est-ce qu'on parle? Replace the pronouns in italics with nouns to say what people are referring to. Don't be afraid to use your imagination!

Modèle   Je ne la regarde plus le samedi matin.
          Je ne regarde plus la télévision le samedi matin.

1. Ma grand-mère *l'*aime.

   _____

2. Je *les* aime beaucoup.

   _____

3. Je ne *lui* ai jamais téléphoné.

   _____

4. Les étudiants *les* attendent.

   _____

5. Mon père *les* déteste.

   _____

6. Je voudrais *lui* parler!

   _____

7. Vous ne *l'*avez pas lu?

   _____

8. Scarlet sortait avec *lui.*

   _____

L'accord du participe passé

F. Complétez. Write out the response to each question using pronouns and the **passé composé.** Make past participles agree when necessary.

Modèle   La cuisine? Elle n'a pas fait <u>la cuisine</u>?
          Non, elle ne l'a pas faite.

1. Cette maison? Vincent Dubois n'a pas vendu <u>cette maison</u>?

   Non, il _____ .

2. À mes parents? Tu as écrit <u>à mes parents</u>? Pourquoi?

   Oui, je _____ parce que je les aime bien!

3. Ce roman? Jean a offert <u>ce roman</u> à Cédric?

Mais oui, il _____.

4. Les bananes? Tu n'as pas mis <u>les bananes</u> au frigo?

Non, non, je _____.

5. Les magazines? Vous avez donné <u>les magazines</u> au professeur?

Oui, nous _____.

6. Les romans de Le Clézio? Tu as lu <u>les romans de Le Clézio</u>?

Oui, je _____.

7. Thérèse? Vous avez vu <u>Thérèse</u> et vous n'avez pas parlé <u>à Thérèse</u>? Mais pourquoi?

Oui, nous _____ et c'est vrai, nous ne

_____ parce qu'elle n'avait pas le temps et nous non plus!

G. Du présent au passé. Rewrite the following sentences, putting the verbs in italics in the **passé composé**. Make past participles agree where necessary.

1. Quand Paul les *voit* dans la rue, il leur *dit* d'entrer pour prendre l'apéritif.

_____

2. Éveline *sort* ce soir.

_____

3. Tu n'aimes pas la voiture que tu *achètes*?!

_____

4. Quand les Dubois *partent* en voyage, ils nous *envoient* des cartes postales.

_____

5. Je n'aime pas la femme qui lui *parle!*

_____

6. Quels articles est-ce que vous *préférez*?

_____

7. Tu *lis* la lettre que j'*écris*?

_____

8. Quand je *téléphone* à mes parents, je leur *demande* de m'écrire plus souvent.

_____

H. Un conte de fées moderne. (*A modern fairy tale.*) Complete the following story, using the verbs in parentheses in either the **passé composé** or the **imparfait**.

Il était une fois (*Once upon a time there was*) un jeune homme français qui _____ (travailler) dans une grande ville loin de sa famille. La ville _____ (être) grise et triste. Il _____ (pleuvoir) tout le temps et il _____ (faire) froid toute l'année. Le jeune homme _____ (être) seul et malheureux, et il _____ (vouloir) finir sa vie. Un jour, il _____ (décider) d'aller dans sa famille à Marseille et il _____ (prendre) le train. Il _____ (trouver) une place (*seat*) près de la fenêtre. Il _____ (mettre) sa petite valise à côté de lui et il _____ (commencer) à lire un magazine. Il _____ (lire) un article de psychologie quand il _____ (entendre) du bruit dans le couloir. Il _____ (regarder) et il _____ (voir) une jeune femme qui _____ (être) grande, brune et très belle. Elle _____ (entrer) avec deux grosses valises que le jeune homme _____ (mettre) avec sa valise. Et puis, il l(a) _____ (regarder) et il l(a) _____ (trouver) sympathique. Elle l(e) _____ (regarder) et elle l(e) _____ (trouver) sympathique aussi. Ils _____ (commencer) à parler. Le jeune homme lui _____ (demander) où elle _____ (aller). Elle lui _____ (dire) qu'elle _____ (partir) en vacances chez ses parents à Marseille. Elle _____ (être) de Marseille, elle aussi! Le jeune homme _____ (oublier) ses problèmes. Quand le train _____ (arriver) à Marseille, ils _____ (descendre) ensemble. Il _____ (faire) chaud et il y _____ (avoir) du soleil. C(e) _____ (être) il y a dix ans.

Maintenant, ils sont mariés, ils habitent à Marseille et ils sont très heureux.

Thème et version

A. Version. Put the following into normal, natural English.

1. Moi, dans le journal, je lis les petites annonces, la rubrique des sports et les dessins humoristiques, et c'est tout.

   _____

   _____

2. Écoute, je suis en train de travailler, ne me pose plus de questions, d'accord?!

   _____

   _____

B. Thème. Put the following into French.

1. Did you listen to me? No, you didn't listen to me. You went out. You drank. You didn't sleep. And now, you're sick and you want to stay in bed. What am I going to do with you?

   _____

   _____

   _____

   _____

   _____

2. — Virginie, have you seen Sandrine?
   — Yes, but I didn't talk to her because she didn't see me!

   _____

   _____

3. Christine studies economics at the University of Toulouse.

   _____

Et pour finir

Lire un magazine français

D O S S I E R

Actifs et retraités au XXIème siècle: qui va payer les retraites? 4

Pour les retraités d'aujourd'hui, tout va bien: on reste jeune plus longtemps, on a des revenus confortables... Mais tout peut changer! Il y a de plus en plus de retraités, de moins en moins d'actifs: les jeunes vont-ils pouvoir payer les retraites de leurs aînés? Et vont-ils avoir eux-mêmes une retraite dans leurs vieux jours? Dans le futur, il pourrait bien y avoir des problèmes entre les jeunes et les vieux...

Mots utiles

les Verts: parti politique écologique en France

l'Élysée: la maison où travaille et habite le Président de la France (comme la Maison Blanche pour le Président américain)

une grève: quand les travailleurs refusent de travailler pour demander de meilleures conditions de travail, plus d'argent, etc.

la peine de mort: quand un criminel est condamné à mort par la justice

les Droits de l'Homme: référence à la *Déclaration Universelle des Droits de l'Homme* (signée par l'Assemblée Générale des Nations Unies (ONU) le 10 décembre 1948, à Paris)

la semaine des 35 heures: la semaine légale de travail en France depuis l'an 2000

une arrière petite-fille: la fille de la petite-fille

Simone de Beauvoir (1908–1986): écrivain français (voir le Magazine francophone No 3)

la vache folle: une maladie des vaches que les hommes peuvent attraper et qui est mortelle

les Bleus: le nom qu'on donne à l'équipe de France (parce que son uniforme est bleu)

le Tour de France: grande course cycliste française (voir la leçon 19 du texte)

Khaled: né en Algérie en 1960, ce musicien arabe habite la France depuis 1986. Il a beaucoup contribué à faire connaître la musique d'Afrique du Nord en France et dans le monde.

le Raï: une musique qui vient d'Algérie et du Maroc

Saint-Exupéry (1900–1944): écrivain et pilote français mort en Méditerranée pendant la deuxième guerre mondiale. C'est l'auteur du *Petit Prince.*

A. Quel(s) article(s) allez-vous lire si... ?

1. vous aimez beaucoup le sport: _____

2. vous allez à Paris demain: _____

3. vous êtes chef d'entreprise: _____

4. vous allez être retraité(e) en l'an 2040: _____

5. vous êtes un(e) activiste qui cherchez toujours à défendre les bonnes causes: _____

6. vous êtes internaute: _____

7. la religion vous intéresse: _____

8. vous adorez la musique et vous avez décidé de passer vos vacances à écouter des concerts: _____

9. vous êtes professeur de littérature francophone: _____

10. quand vous aviez 14 ans, vous avez lu la version anglaise du *Petit Prince* et vous avez adoré ce livre: _____

11. vous êtes une jeune femme de votre temps: _____

_____

12. vous aimez beaucoup la musique d'Afrique du Nord: _____

_____

13. vous êtes passionné(e) par tout ce qui est chinois: _____

_____

14. vous adorez Louis Amstrong: _____

_____

15. vous adorez le steak-frites: _____

_____

16. vous êtes américain(e) et vous allez passer vos vacances en France cet été: _____

_____

17. *La Crise*, de Coline Serreau, est un de vos films préférés: _____

_____

B. Le dossier: Actifs et retraités au XXIème siècle: qui va payer les retraites?

1. Décrivez les deux personnes sur la photo: _____

_____

_____

2. Quelle est la situation des retraités maintenant? _____

_____

3. Est-ce qu'il va y avoir un problème dans le futur? Pourquoi? _____

_____

C. Et pour vous?

1. Quel est l'article le plus intéressant? _____

Pourquoi? _____

2. Quel est l'article le moins intéressant? _____

Pourquoi? _____

D. Le sommaire de mon magazine! Start your own magazine! On a separate sheet of paper create your own table of contents for your own magazine. Give your magazine a name, decide on the **rubriques,** and then invent the titles and authors of the articles. Your magazine (and your articles) can be about anything of interest to you: art, cinema, music, sport, travel, politics, college life, house and garden, cooking, etc.

𝒱ocabulaire facultatif

Noms

un accident *accident*
l'avenir *(m.) future*
un(e) blessé(e) *injured, wounded*
une catastrophe *catastrophe*
un changement *change*
le chômage *unemployment*
un compte-rendu *report (written)*
le courrier des lecteurs *readers' letters*
le courrier du cœur *letters to the lovelorn*
un crime *crime*
une découverte *discovery*
un dossier *folder, file*
la drogue *drug (illegal)*
l'économie *(f.) economy*
une enquête *investigation*
l'environnement *(m.) environment*
un fait divers *local news item*
un gouvernement *government*
un gros titre *headline*
une guerre *war*
un horoscope *horoscope*
l'immigration *(f.) immigration*
les informations *(f.pl.) news*

les loisirs *(m.pl.) leisure activities*
une maladie *sickness, illness*
le monde *world*
les mots croisés *(m.pl.) crossword puzzle*
un meurtre *murder*
un numéro *issue, edition*
la paix *peace*
la pauvreté *poverty*
le pouvoir *power*
le racisme *racism*
la religion *religion*
un reportage *report, story*
la richesse *wealth*
la santé *health*
un scandale *scandal*
le sida *AIDS*
la société *society*
un sondage *survey*
un spectacle *show*
une table des matières *table of contents (book)*
le terrorisme *terrorism*
une victime *victim*
la violence *violence*

Adjectifs

clandestin(e) *clandestine*
étranger, étrangère *foreign*
international(e), internationaux, internationales
    international

religieux, religieuse *religious*
sensationnel, sensationnelle *sensational*

Verbes

montrer *to show*

Divers

avoir peur (de) *to be afraid (of)*

Le vocabulaire de l'ordinateur et d'Internet

une boîte aux lettres *mailbox*
une causette (une discussion en ligne, une
    conversation en ligne) *chat*
cliquer (sur) *to click (on)*
une connexion *connection*
un fournisseur d'accès *access provider*
glisser *to drag*
l'IRC *(m.) IRC (Internet Relay Chat)*
une liste de diffusion *listserv*

un logiciel *software*
un mot de passe *password*
un moteur de recherche (un portail) *search engine*
un navigateur *browser*
une page d'accueil *homepage*
une police *font*
une salle de conversation *chatroom*
une souris *mouse*
télécharger *to download*

Chez les Hanin

*A*ctivités de vocabulaire

A. Le corps. Qu'est-ce qu'il y a...

1. sur la tête? _____

2. sur le visage? _____

3. dans la bouche? _____

4. entre la main et le corps? _____

5. entre le pied et le corps? _____

B. Qu'est-ce qu'on fait avec? Give a use for each item.

1. Les mains. C'est pour _____ .

2. Les yeux. C'est pour _____ .

3. Les oreilles. C'est pour _____ .

4. La bouche. C'est pour _____ .

5. Les jambes. C'est pour _____ .

C. On a mal! Where do the following people hurt?

1. Bruno a la grippe.

   _____

2. Véronique a mal utilisé un couteau quand elle faisait la cuisine.

   _____

3. Julie est tombée de sa chaise.

   _____

4. Jacques a essayé de porter une valise trop lourde *(heavy)*.

   _____

5. Vincent doit aller chez le dentiste.

   _____

6. Paulette est à la plage et elle a oublié ses lunettes de soleil.

   _____

D. La matinée de Daniel. Daniel, a student at Big City University, has been asked to make a list of a typical morning routine at BCU. Here's the list he made. Put it in order from the first to the last thing he does every morning.

_____ Il va à la salle de bains.

_____ Il se brosse les dents.

_____ Il se lève.

_____ Il reste au lit pendant cinq minutes.

_____ Il met la radio.

_____ Il s'habille.

_____ Il se peigne.

_____ Le réveil sonne.

_____ Il va prendre son petit déjeuner.

_____ Il rentre dans sa chambre.

_____ Il se rase.

_____ Il va en cours.

_____ Il prend une douche.

E. Mais qu'est-ce qu'ils font? Complete the sentences to say what people are doing.

Modèle   Marc se lave *les mains.*

1. Janine se brosse _____ .

2. André prend _____ .

3. Michel se lave _____ .

4. Solange se peigne _____ .

F. Des verbes. Complete each sentence with one of the following verbs in the present or the imperative: **emmener, ennuyer, essayer, partager, promener, sécher.** Use each verb only once.

1. Paulette et Jacques _____ leurs chiens tous les jours.

2. _____ de ne pas faire de bruit, tu veux bien?

3. Ce professeur m' _____ , pas toi?

4. Nous _____ une chambre, ma sœur et moi.

5. Youki n'aime pas quand on le lave, mais il aime bien quand on l(e) _____ .

6. Les Dubois _____ toujours leur chien et leur chat avec eux quand ils partent en vacances.

Activités de structure

Les verbes réfléchis

A. Qu'est-ce qu'ils vont faire ce week-end? Everybody is doing something different this weekend. Complete each sentence with the reflexive verb in parentheses.

1. D'habitude, Claudine _____ à midi, mais ce week-end, elle va

   _____ à 8 heures. (se lever)

2. D'habitude, tu _____ avec ton chien, mais ce week-end, tu ne vas pas

   _____ avec lui. (se promener)

3. D'habitude, M. et Mme Dubois _____ tard, mais ce week-end, ils ne vont pas

   _____ tard. (se coucher)

4. D'habitude, je _____ toujours le dimanche, mais ce dimanche, je ne vais pas

   _____ . (s'ennuyer)

5. D'habitude, nous _____ , mais ce week-end, nous n'allons pas

   _____ ! (s'énerver)

6. D'habitude, vous _____ de travailler, mais ce week-end, vous n'allez pas

   _____ ! (s'arrêter)

B. Et le verbe? Complete the sentences with a verb from the following list.

emmener / amuser / s'amuser / énerver / s'énerver / arrêter / laver / se laver / regarder / se regarder / habiller / s'habiller / réveiller / se réveiller / coucher / se coucher / promener / se promener / ennuyer / s'ennuyer

1. Julie, tu m(e) _____ ! _____ de faire des bêtises, ou je te mets au lit sans dîner!

2. Le matin, j(e) _____ les enfants à l'école et puis je vais travailler.

3. Le soir, les Hanin _____ les enfants à sept heures, mais eux, ils

   _____ à minuit.

4. Le chien déteste quand nous l(e) _____ , parce qu'il n'aime pas l'eau et il déteste le savon!

5. Les Américains _____ les cheveux tous les jours, n'est-ce pas? Et les Canadiens?

6. Gérard, va _____ le chien, ou nous allons avoir un problème!

7. Mme Dupont parle tout le temps de ses problèmes et elle _____ tout le monde!

8. Ils n(e) _____ jamais le week-end parce qu'ils font du sport et ils sortent le soir, mais

   moi, je n(e) _____ pas parce que j'ai trop de devoirs et je dois étudier.

Les verbes réfléchis à l'impératif

C. Des ordres. M. Dictateur wants to change everybody's life. Complete each command using the imperative.

Modèle   Vous vous levez à neuf heures?
            Levez-vous à six heures!

1. Tu te couches à minuit?

    _____ à dix heures!

2. Nous nous réveillons à neuf heures?

    _____ à huit heures!

3. Vous vous promenez le soir?

    _____ le matin!

4. Vous vous brossez les dents deux fois par jour?

    _____ trois fois par jour!

5. Tu te promènes avec ton chien?

    Ne _____ pas avec ton chien, _____ avec moi!

6. Tu t'arrêtes?

    Ne _____ pas!

7. Nous ne nous amusons pas?

    _____ !

D. Des conseils à une nouvelle étudiante. Sophie is a new student at your university. Tell her three things she should do and three things she should not do. Use reflexive verbs in the imperative.

1. _____

2. _____

3. _____

4. _____

5. _____

6. _____

La comparaison des adjectifs et des adverbes

E. Ma famille et moi. Compare yourself to three members of your family, using **plus... que, moins... que,** and **aussi... que.**

Modèle   *Mon petit frère: il est plus beau que moi, mais il est moins intelligent. Je ne suis pas aussi grand(e)*
            que lui, mais je suis plus sportif (sportive). Il travaille moins que moi.

1. _____

    _____

2. _____

_____

3. _____

_____

F. Complétez. Complete each comparison to reflect your opinions. Use **meilleur(e)**, **mieux**, **bon(ne)**, **moins bon(ne)**, **bien**, **moins bien**, **mauvais(e)**, **plus mauvais(e)**, **mal**, **moins mal**, or **plus mal**.

1. Le vin australien est _____ , mais le vin californien est _____ .

2. Je joue _____ au golf que Tiger Woods.

3. La Ford Mustang est une _____ voiture que la Porsche.

4. Mon professeur de français parle _____ français que moi.

5. Je parle _____ français, mais je parle _____ anglais.

6. Quand Luc fait du ski, il tombe tout le temps. Il skie très _____ !

7. Je déteste les mathématiques parce que je ne suis pas _____ en mathématiques, mais j'adore l'anglais et j'écris très _____ .

8. Jacqueline a beaucoup de D. C'est une _____ étudiante. Mais Charles a beaucoup de F. Il est _____ qu'elle.

*T*hème et version

A. Version. Put the following into normal, natural English.

1. Je m'ennuie, pas toi? Changeons-nous et allons en ville!

_____

2. Amusez-vous bien!

_____

3. Combien de fois par jour est-ce que vous vous brossez les dents?

_____

B. Thème. Put the following into French.

1. I have blond hair and green eyes, but my sister has brown hair and blue eyes.

_____

_____

2. You ought to wash your hands!

_____

3. His mother wakes him up every morning.

_____

4. I hurt all over!

_____

_Et_ pour finir

La journée typique de mon professeur de français. Write about your French instructor's typical day.

Système-D

VOCABULARY: Toilette; Leisure
GRAMMAR: Reflexive construction with **se**; Reflexive pronouns
PHRASES: Sequencing events

Self-assessment. Make a list of four elements that will make this presentation complete and interesting to read.

1. _____
2. _____
3. _____
4. _____

1. **Les activités de tous les jours.** Make a list of everyday activities for your instructor.

   Se réveiller, se lever, prendre le petit déjeuner, _____
   _____
   _____
   _____

2. **Des détails.** Put your list in chronological order and add details (time, things eaten, etc.), according to how you think your instructor lives.

   Il/Elle se réveille à _____ heures. Il/Elle se lève à _____ heures.

   _____
   _____
   _____
   _____
   _____
   _____

3. **Sa journée typique.** Now write a paragraph to present a typical day in the life of a French language instructor to a French audience. Use words like **et, mais, d'abord, ensuite, et puis,** and **enfin** to link your sentences. Find a way to introduce your paragraph, and end with a concluding sentence.

   _____
   _____
   _____
   _____
   _____

_____

_____

_____

_____

_____

_____

_____

_____

_____

_____

Évaluation. Read your paragraph and check the four elements you originally selected. Are any missing or undeveloped in your paragraph? Revise to improve your paragraph.

Vocabulaire facultatif

Noms

une allergie *allergy*
un bouton *pimple*
une cheville *ankle*
une cicatrice *scar*
un cou *neck*
un coude *elbow*
la crème à raser *shaving cream*
une épaule (f.) *shoulder*
l'estomac (m.) *stomach*
le fard (à paupières) *eyeshadow*
des fesses (f.pl.) *buttocks*
une figure *face*
le foie *liver*
un genou, des genoux *knee*
une gorge *throat*
une hanche *hip*

une indigestion *indigestion*
une lèvre *lip*
le maquillage *makeup*
le mascara *mascara*
la mononucléose *mononucleosis*
un orteil *toe*
un pansement *dressing*
la peau *skin*
un poignet *wrist*
une poitrine *chest*
un remède *remedy*
le rouge à lèvres *lipstick*
un sparadrap *Band-Aid*
un symptôme *symptom*
une taille *waist*
le vernis à ongles *nail polish*

Verbes

attraper *to catch*
se blesser *to hurt oneself*
bronzer *to tan*
se brûler *to burn oneself*
se casser (le bras, la jambe) *to break (one's arm, leg)*
se couper *to cut oneself*
essuyer *wipe, dry*
  s'essuyer *wipe, dry (oneself)*

éternuer *to sneeze*
se fouler (le poignet, la cheville) *to sprain (one's wrist, ankle)*
se moucher *to blow one's nose*
saigner *to bleed*
vomir (conj. like finir) *to vomit*

Adjectifs

contagieux, contagieuse *contagious*
fragile *fragile, weak*

prudent(e) *careful, prudent*

Divers

aller bien *to feel good*
aller mal *to feel bad*
aller mieux *to feel better*
avoir de la fièvre *to have a fever*
avoir du ventre *to have a beer belly*
avoir les cheveux teints *to have dyed hair*
ça fait mal *that hurts*
être allergique à *to be allergic to*

faire la grasse matinée *to sleep late*
faire mal (à quelqu'un) *to hurt (someone)*
  se faire mal *to hurt oneself*
passer une nuit blanche *not sleep all night*
qu'est-ce que tu as (vous avez)? *what's the matter with you?*
traîner au lit *to stay in bed*

Le français familier

avoir du bedon, avoir de la brioche =
  avoir du ventre
avoir la gueule de bois *to have a hangover*

une moumoute = un toupet = des faux cheveux
les tifs = les cheveux
le pif = le nez

Une histoire d'amour

Activités de vocabulaire

A. Associations. Give two verbs or expressions that you associate with the following.

1. la lune de miel _____

2. le divorce _____

3. être retraité(e) _____

4. un souvenir _____

B. Devinettes. Complete each sentence with a word or expression that makes sense.

1. Pierre aime Diane. Il est _____ d'elle.

2. Marie-Claire est très fatiguée. Elle doit _____.

3. Robert aime Anne, et Jacqueline aime Robert. Alors, Jacqueline déteste Anne parce qu'elle est

   _____ d'elle.

4. Jean ne veut plus habiter avec Sabine. Il veut la _____.

5. Jacques est un bon père: il _____ beaucoup de ses enfants.

6. Samedi, Anne-Sophie va être la femme de Jean-François. Elle va _____ avec lui.

7. Quand on a fait la lessive, il faut parfois _____ ses vêtements pour avoir l'air élégant.

8. Paul dit que la musique des années 60 était meilleure que la musique de maintenant. Moi, je n(e)

   _____ avec lui: j'aime beaucoup la musique d'aujourd'hui.

C. Quel verbe? Complete each sentence with a present-tense form of one of the verbs in the following list. Make sure your sentences make sense.

   se dépêcher / se demander / s'entendre / se souvenir / se disputer / se retrouver

1. Il a une Ford ou une Toyota… Je ne _____ plus.

2. J'aime beaucoup mon frère. Je _____ très bien avec lui.

3. On _____ devant le cinéma à sept heures?

4. Vous _____ ? Le film est à huit heures, et il est déjà huit heures moins le quart!

5. Nous _____ si Pierre va rester à Montréal ou s'il va rentrer à Paris.

6. Les Mélot _____ tout le temps! On dit qu'ils vont divorcer!

D. Quitter, partir ou sortir? Complete each sentence with **quitter, partir,** or **sortir** in the present tense or the infinitive.

1. Valérie _____ beaucoup avec Christophe.

2. Robert _____ Anne parce qu'il veut _____ avec Jacqueline.

3. Nous _____ pour Dakar demain.

4. Je _____ Paris! Je veux habiter à la campagne.

5. Tu _____ de la bibliothèque à quelle heure?

E. Quels mots? Complete with **que, pendant que, parce que, pendant,** or **à cause de.**

1. Paul dit _____ sa femme veut partir.

2. Je suis resté _____ toi! Tu es content?

3. Je déteste regarder la télévision _____ je mange.

4. Je veux rentrer _____ j'ai froid!

5. J'ai entendu du bruit _____ la nuit, et je n'ai pas dormi.

Activités de structure

Les verbes réciproques

A. Réciprocité. Whatever one person does, the other does the same thing back. Say this, using reciprocal verbs.

1. Pierre aime Ingrid et Ingrid aime Pierre.

   Ils _____.

2. Je téléphone à ma mère et ma mère me téléphone.

   Nous _____.

3. Vous ne parlez plus à Yves et Yves ne vous parle plus?

   Vous _____?

4. M. Jottard quitte Mme Jottard et Mme Jottard quitte M. Jottard.

   Ils _____.

5. Je regarde Hélène et Hélène me regarde.

   Hélène et moi, nous _____.

6. Vous dites la vérité à Marc et Marc vous dit la vérité?

   Vous _____?

B. Traduisez! Translate the following sentences.

1. They're kissing each other!

   _____

2. We talk to each other often.

_____

3. Do you write (to) each other?

_____

Les verbes réfléchis et réciproques au passé

C. Pourquoi sont-ils fatigués? Everybody seems tired. Say why.

Modèle   Je / se coucher / très tard.
   Je me suis couché(e) très tard.

1. Alceste / se dépêcher / pour arriver / tôt.

_____

2. Marianne et Claudine / s'amuser / pendant le week-end.

_____

3. Candide / s'endormir / à trois heures du matin.

_____

4. Mes amis et moi, nous / se lever / à cinq heures pour étudier.

_____

5. Juliette et son petit ami / se disputer / pendant toute la nuit.

_____

6. Je / ne pas se reposer / pendant les vacances.

_____

D. Julie le matin. Complete each sentence with either the **passé composé** or the **imparfait**.

Il _____ (être) sept heures du matin et Julie _____ (dormir)

encore. Tout à coup, sa mère l(a) _____ (appeler). Julie _____

(se réveiller), mais elle _____ (rester) au lit. Il _____ (faire) si

chaud! À sept heures et demie, sa mère _____ (aller) l'appeler à la porte de sa chambre.

Julie lui _____ (dire) qu'elle _____ (aller) se lever mais elle

_____ (ne pas se lever). À huit heures, elle _____ (entendre) le

téléphone dans sa chambre. Quand Julie _____ (répondre), elle

_____ (entendre) la voix (*voice*) de sa mère! Elles _____ (se parler)

deux minutes et puis Julie _____ (regarder) l'heure. Dans une demi-heure, elle

_____ (devoir) être à l'école! Alors, elle _____ (se lever), elle

_____ (prendre) une douche et elle _____ (s'habiller) en cinq

minutes!

Les verbes *savoir* et *connaître*

E. Conjuguez. Use the verb in parentheses and the tense indicated to complete the following sentences.

1. Tu ne _____ pas nager? (savoir, présent)

2. Les Dubois _____ les Martin, n'est-ce pas? (connaître, présent)

3. Nous ne _____ pas où est Pierre. (savoir, présent)

4. Marie-Anne _____ bien Chicago. (connaître, présent)

5. Où est-ce que vous _____ Anne? (connaître, passé composé)

6. Je _____ que Pierre partait. (savoir, imparfait)

7. Vous _____ la vérité? (savoir, passé composé)

8. Mon père _____ bien ton père. (connaître, imparfait)

F. Une baby-sitter pour New York. Complete the following dialogue with **connaître** or **savoir** in the present tense or the infinitive.

—Est-ce que tu _____ Anne Clarenne?

—Non, mais je _____ que les Haubert la _____ .

—Ils _____ où elle habite?

—Je ne _____ pas, mais je peux leur demander. Pourquoi veux-tu

_____ où elle habite?

—Parce que je _____ une famille à New York qui cherche une baby-sitter française, et je

_____ qu'Anne veut étudier l'anglais.

—Est-ce qu'elle _____ s'occuper d'enfants?

—Tout le monde _____ faire ça, non?

—Ben non, moi, je ne _____ pas!

G. Anne à New York, 10 ans après. Anne is still in New York ten years after she went there to babysit. Complete her story with either **savoir** or **connaître** in the **passé composé** or **imparfait**.

Quand je suis arrivée à New York, j'avais vingt-deux ans et je ne _____ personne. Je

venais pour faire du baby-sitting et j(e) _____ qu'il y avait trois enfants dans la famille et

que les parents travaillaient, et c'est tout. Toute la famille m'attendait à l'aéroport *(airport)* et quand je les ai vus,

j(e) _____ que j'allais être heureuse avec eux. Mais je ne _____ pas

que j'allais rester après l'été. Et oui, c'est à New York que j(e) _____ mon mari! Et

maintenant, je suis mariée, j'ai trois enfants moi aussi, et je cherche une baby-sitter française pour l'été.

𝒯hème et version

A. Version. Put the following into normal, natural English.

1. Faites attention! Il y a quelque chose de bizarre derrière vous!

   _____

   _____

2. Les Defaux s'entendent mal et on raconte qu'ils vont divorcer.

   _____

   _____

3. Ils se sont vus, ils se sont parlé et ils sont tombés amoureux!

   _____

   _____

B. Thème. Put the following into French.

1. I met somebody interesting at the Dumonts last summer and now . . .

   _____

   _____

2. Paul is marrying Micheline.

   _____

3. I found out the truth ten years after!

   _____

𝒮t pour finir

Une histoire d'amour à l'université. True love at your university! Imagine how things might have happened to two people who met in college. First, organize your thoughts according to the plan outlined below.

Système-D

> **VOCABULARY:** Hair colors; Nationality; Personality; Professions; Trades; Occupations
> **GRAMMAR:** Simple past tense; Past imperfect; Personal pronouns (3rd person summary)
> **PHRASES:** Describing people; Linking ideas; Sequencing events

Self-assessment. Make a list of four elements that are necessary to make a good story.

1. _____
2. _____
3. _____
4. _____

1. **Qui?** Who is he? Who is she? What are they like? Write a few notes describing each character. Jot down some ideas. You don't need to write complete sentences yet.

    Lui: _____

    _____

    _____

    Elle: _____

    _____

    _____

2. **Quand? Où?** Now, how did they first meet? Where? When? What happened? Jot down some ideas. You still don't need to write complete sentences.

    _____

    _____

    _____

    _____

    _____

    _____

    _____

3. **Leur vie ensemble.** Now, decide what their life together was like. Did they get along? Fight? Break up? Was there another man or woman? Again, jot down some ideas but don't worry about complete sentences.

    _____

    _____

    _____

    _____

    _____

4. **Leur histoire.** Use your notes to write your story. Be sure to use details about the protagonists and to describe the places and the way things were. Then present the events in chronological order, using pronouns to avoid repetition and words like **puis, mais, d'abord, enfin,** etc. Also, don't forget to tell how everyone felt and reacted.

    _____

    _____

    _____

    _____

    _____

_____

_____

_____

_____

_____

_____

_____

_____

_____

_____

_____

_____

_____

_____

_____

_____

_____

_____

Évaluation. Read your story and check to what extent you have included the four elements that you selected prior to writing. Revise to include or change what you wrote in order to reflect these elements better in your story.

Vocabulaire facultatif

Noms

un amant *(male) lover*
un(e) complice *accomplice*
un conseiller conjugal *marriage counselor*
une famille nombreuse *big family*

des jeunes mariés *(m.pl.) newlyweds*
une maîtresse *lover, mistress*
un mensonge *lie*
un voyage de noces *honeymoon*

Verbe

bronzer *to tan*

Adjectif

bronzé(e) *tan(ned)*

Divers

attraper un coup de soleil *to get sunburned*
avoir une aventure (amoureuse) *to have a (love) affair*
élever un enfant *to raise a child*

être facile à vivre *to be easy to live with*
raconter des histoires *to tell stories (not true)*

Le français familier

baratiner (qqn) *to sweet-talk someone*

se magner = se dépêcher

Une soirée devant la télévision

Activités de vocabulaire

A. De quoi parle-t-on? Complete each sentence with an appropriate word or expression.

1. Juliette Binoche joue dans des films. C'est une _____ française.

2. Les émissions de Jacques Cousteau étaient souvent des _____ sur la mer.

3. *La petite maison dans la prairie* est une vieille _____ américaine que les Français aimaient bien.

4. *E.T.* est un film de _____, *Le Vendredi treize* est un film d'_____, *Crocodile Dundee* est un film d'_____ et *Casablanca* est un film d'_____.

5. Christine Ockrent est une journaliste célèbre de la télévision française. C'est une _____ de la télévision.

6. Shakespeare a écrit beaucoup de _____.

7. On regarde les _____ pendant le journal télévisé.

8. Les films de Laurel et Hardy sont _____, les films de Rambo sont des films _____ et les tragédies grecques sont toujours _____.

9. Édith Piaf était une _____ française qui chantait des chansons tristes.

10. *Bouillon de culture* est un magazine _____ où on parle avec des écrivains de leurs livres et *Qui veut gagner des millions?* est un _____ où on peut gagner beaucoup d'argent si on sait répondre à des questions.

B. Les familles de verbes: les verbes composés. Quel verbe? Complete each sentence with one of the following verbs in the tense indicated.

permettre / promettre / apprendre / comprendre / surprendre / revenir / devenir

1. Tu as l'air fatiguée. Tu _____ à quelle heure? (passé composé)

2. Nous t(e) _____ de sortir, mais tu dois rentrer à minuit, d'accord? (présent)

3. Vous n(e) _____ rien? Vous n'avez pas étudié, n'est-ce pas? (présent)

4. Son mari l(a) _____ avec un autre homme et il veut divorcer. (passé composé)

5. Si tu es sage, je t(e) _____ un beau cadeau! (présent)

6. Après cinq ans à New York, Anne _____ américaine. (passé composé)

7. Les Firket _____ l'anglais parce qu'ils vont en vacances à New York et à San Francisco. (présent)

8. J(e) _____ à skier à 8 ans et je skie très bien. (passé composé)

9. Quand nous étions petits, nos parents ne nous _____ pas de sortir le soir. (imparfait)

10. _____ avant minuit ou tu ne peux plus sortir! (impératif)

C. Le programme du samedi 22 juin à la télévision belge francophone. Look at the Belgian TV schedule and answer the following questions.

RTBF1

11.30 *ESPAGNOL CON VICTOR*
12.00 *VIVRE À BRUXELLES*
12.25 *TU VOIS CE QUE JE VEUX DIRE,* magazine à l'intention des sourds et des malentendants: Les Implants cochléaires.
13.00 *JOURNAL*
13.15 *STRIP-TEASE,* magazine.
14.20 *LE SIÈCLE DES HOMMES,* documentaire historique en six parties. *Les Champs d'honneur (1914–1918).* Lettres, photos, carnets intimes, journaux, documents d'archives et témoignages pour raconter la Grande Guerre *(rediffusion).*
15.20 *L'HEBDO,* magazine d'actualité: Avoir 20 ans aujourd'hui.
15.45 *TOM ET JERRY KIDS*
15.55 *GÉNIES EN HERBE INTERNATIONAL,* jeu interscolaire: Côte d'Ivoire/ Sénégal.
16.25 *AUTANT SAVOIR*
16.50 *COUP DE FILM*
17.20 *CLASSE MANNEQUIN,* série française: Un siphon phon phon, avec Vanessa Demouy.
17.45 *BEVERLY HILLS, 90210:* série: Un beau coup de filet, avec Jason Priestley.
18.35 *CONTACTS,* conseils de la Prévention routière: Conduite défensive à moto (et à 22h20: Excursion en motor-home).

18.45 *TÉLÉTOURISME,* magazine présenté par G. Lemaire
19.15 *JOKER ET LOTTO,* tirages (et à 20h40: les rapports).
19.30 *JOURNAL*
20.10 *LE JARDIN EXTRAORDINAIRE,* magazine de la nature: La Vie privée des plantes, série documentaire (2/12); Les Fontaines de Bruxelles.

20.50
MAIGRET
CHEZ LES FLAMANDS

SÉRIE FRANÇAISE
ÉPISODE RÉALISÉ
PAR SERGE LEROY
avec Bruno Cremer, Alexandra Vandernoot, Sabrina Leurquin, Pierre Dherte, Gérard Darier
si vous avez manqué le début
Des commerçants flamands, les Peeters, demandent à l'inspecteur Maigret de faire une enquête sur Germaine Piedbœuf. Germaine dit que Joseph Peeters, le fils des commerçants, est le père de son bébé et elle essaie d'arrêter le mariage entre Joseph et sa fiancée Marguerite Van de Weert. Un jour, Germaine disparaît. Les Peeters sont-ils coupables? L'inspecteur ne trouve rien contre eux jusqu'au jour où on retrouve le corps de la jeune femme dans la Meuse...

22.25 *DITES-MOI,* magazine présenté par Michèle Cédric. Invitée: Souha Arafat. La jeune femme du leader palestinien évoque son enfance...
23.30 *JT SOIR*
23.45 *L'ENQUÊTEUR,* série allemande: L'amour rend aveugle.
0.35 *Fin des émissions.*

RTBF21

13.15 *LES OLYMPIQUES,* série documentaire. Les coulisses des olympiades, les disciplines olympiques et les athlètes qui s'y sont illustrés.
14.15 *ADEPS,* l'agenda vert.
14.20 *PARCOURS,* l'actualité des grands tournois de golf.
15.15 *AQUATICA,* magazine sur l'eau
15.45 *FOOTBALL,* Euro: quart de finale 2e du groupe B/vainqueur du groupe A, en direct (et à 21h35: résumé).
17.50 *JOGGING*
18.15 *LE BLAMATOSCOPE,* émission jeunesse: Kid and Play; Spirou et Fantasio.
19.05 *TIERCÉ BELGE* (et à 22h25, suivi du *LOTTO-JOKER).*
19.15 *FOOTBALL,* Euro: quart de finale vainqueur du groupe B/ 2e du groupe A, en direct de Liverpool (et à 20h20: résumé; 20h30: la 2e mi-temps; 21h20: résumé).
22.05 *JOURNAL,* actualités, suivi du *JEU DES JEUX*
22.30 *Fin des émissions.*

-**Strip-tease:** magazine souvent satyrique sur la société belge
-**Autant Savoir:** magazine d'information pour les consommateurs

1. **Les émissions d'aujourd'hui.** Trouvez une émission intéressante:

a. Vous aimez les documentaires sur la nature. _____

b. Vous aimez les séries américaines. _____

c. Vous adorez le foot. _____

d. Vous aimez l'histoire. _____

e. Vous jouez au golf. _____

f. Vous aimez les voyages. _____

g. Vous aimez les films policiers. _____

h. Vous jouez au lotto. _____

i. Vous êtes un enfant. _____

    j. Vous adorez la ville de Bruxelles. _____

    k. Vous voulez apprendre l'espagnol. _____

    l. Vous regardez toujours les informations quand vous prenez le dîner. _____

2. Mais de quelle émission parle-t-on? Lisez les descriptions et trouvez l'émission qui correspond.

    a. C'est une compétition entre des étudiants de différents lycées.

    _____

    b. C'est une émission pour les personnes qui vont sur les routes en voiture, en moto, en vélo, etc.

    _____

    c. C'est une émission pour les personnes qui n'entendent pas bien ou qui n'entendent pas du tout.

    _____

    d. C'est un magazine sur le cinéma.

    _____

    e. Dans cette émission, aujourd'hui, il y a une interview de la femme de Yasser Arafat.

    _____

3. Maigret chez les Flamands. Lisez la description du film de la soirée et donnez les noms des personnages d'après les descriptions. Il y a plusieurs réponses qui sont les mêmes.

    a. C'est l'inspecteur qui fait l'enquête: _____

    b. Ils ont un magasin: _____

    c. Ils veulent se marier: _____ et _____

    d. Elle a un bébé et le père du bébé veut se marier avec quelqu'un d'autre: _____

    e. C'est la victime (on retrouve son corps dans la Meuse): _____

    f. Ce sont les suspects: _____

*A*ctivités de structure

Le pronom *en*

A. Remplacez! Rewrite the sentences replacing the words in italics with **en**.

1. Vous n'avez pas peur *de la grammaire française?*

_____

2. Il y a dix *chats* sur le lit!

_____

3. Paul ne veut pas acheter *de voiture* maintenant.

_____

4. Il y avait beaucoup *d'Américains* à Paris cet été.

_____

5. Tu as acheté un *ordinateur?*

_____

6. J'apporte *du fromage,* d'accord?

_____

7. Vous n'avez pas besoin *de votre voiture* ce soir?

_____

B. Il y a trop de noms! Replace the nouns in italics with a pronoun (subject, stressed, direct object, indirect object, or **en**).

1. Tu as connu *Jacqueline?*

_____

2. J'aime *les films d'aventures* et je regarde souvent *des films d'aventures!*

_____

3. *Albert* n'utilise jamais *de déodorant.*

_____

4. Luc a dit à *Diane* qu'il aimait *Diane.*

_____

5. C'est *Jean-Marc! Jean-Marc?* Je ne veux pas voir *Jean-Marc!* J'ai parlé *à Jean-Marc* hier!

_____

6. *Marie* a regardé trop *de films d'horreur* et maintenant, elle a peur le soir!

_____

7. Est-ce que tu as dit merci *à la dame?*

_____

8. Je ne veux pas partir sans *Michel et Béatrice!*

_____

9. Il n'y a pas *d'arbres* dans mon jardin.

_____

10. Je voudrais manger une *glace.*

_____

L'imparfait et le passé composé

C. Un dimanche. Complete each sentence using the **passé composé** or the **imparfait** of the verb in parentheses.

C(e) _____ (être) un dimanche matin du mois de juin. J(e) _____

(avoir) seize ans et j(e) _____ (être) très malheureuse parce que j(e) _____

(avoir) un examen de maths lundi et j(e) _____ (devoir) étudier. J(e) _____ (devoir) aussi aller manger avec mes parents chez tante Joséphine. Mais moi, j(e) _____

(vouloir) sortir avec mes copains et surtout, j(e) _____ (vouloir) voir Pierre. Il

_____ (être) très beau et très gentil et je l(e) _____ (aimer) beaucoup.

J(e) _____ (vouloir) aller au ciné avec lui. Je n(e) _____ (vouloir) pas

étudier et je n(e) _____ (vouloir) pas aller chez tante Joséphine. C(e) _____

(être) trop ennuyeux! J(e) _____ (être) dans ma chambre et j(e) _____

(pleurer) quand j(e) _____ (entendre) le téléphone. J(e) _____

(répondre) tout de suite. C(e) _____ (être) Pierre. Est-ce qu'il _____

(pouvoir) venir chez moi? Il _____ (vouloir) étudier pour l'examen. Papa

_____ (dire) oui. Alors, Pierre _____ (venir) et nous

_____ (pouvoir) étudier dans la salle de séjour. À midi, Pierre _____

(devoir) partir parce que j(e) _____ (devoir) aller chez tante Joséphine, mais nous

_____ (pouvoir) rester un moment tous seuls. Alors, il m(e) _____

(regarder) et il m(e) _____ (embrasser). J(e) _____ (être) très

heureuse tout à coup.

D. Un rêve. Anne had a strange dream last night. Complete her description by putting the verbs in the **passé composé** or the **imparfait**.

J(e) _____ (marcher) toute seule dans une grande forêt sombre. Tout à coup, il y

_____ (avoir) un orage (*thunderstorm*) violent. Alors, j(e) _____

(avoir) très peur et j(e) _____ (chercher) un abri (*shelter*). Il y _____

(avoir) une petite maison au bord d'un lac. J(e) _____ (regarder) par la fenêtre et j(e)

_____ (voir) une vieille femme qui _____ (boire) du café. Alors,

j(e) _____ (entrer) parce que j(e) _____ (vouloir) avoir du café, moi

aussi. La vieille femme m(e) _____ (regarder), mais elle _____ (ne rien

dire). Alors, j(e) _____ (demander) si j(e) _____ (pouvoir) avoir un

peu de café parce que j(e) _____ (avoir) froid. Mais elle _____ (ne

pas vouloir)! Elle _____ (prendre) sa tasse et elle _____ (sortir) sans

me regarder. Et moi, j(e) _____ (rester) seule, sans café. J(e) _____

(attendre) la fin de l'orage et puis j(e) _____ (partir). La forêt _____

(ne plus être) sombre, il y _____ (avoir) du soleil, les oiseaux _____

(chanter) et j(e) _____ (ne plus avoir) peur. Enfin, j(e) _____

(arriver) au village et j(e) _____ (trouver) une chambre chez un vieux couple. Mais quand

je leur _____ (parler) de la maison dans la forêt, on m(e) _____ (dire) qu'il _____ (ne pas y avoir) de maison et que personne n(e) _____

(connaître) la vieille femme. Alors, je _____ (se réveiller) et j(e)

_____ (savoir) que c(e) _____ (être) un rêve.

E. Qu'est-ce qui s'est passé à Nice? Here is the background, but the story line is missing. What did happen in Nice? Take out a piece of paper and give the *complete* story.

Nous étions en vacances à Nice. C'était l'été. Il était cinq heures de l'après-midi. Il faisait beau. Nous étions sur la terrasse. Nous regardions la mer. Nous parlions de philosophie. Nous buvions du thé. Il y avait quelque chose sur l'eau. C'était un bateau. Il y avait un homme. Il était très petit et très mince. Il portait un costume vert. Il était très bizarre. Il ne parlait pas français. Il avait quelque chose dans la main.

Les verbes *croire, suivre* et *vivre*

F. Quel verbe? Complete each sentence with **croire, suivre,** or **vivre** in the tense indicated.

1. Je _____ que tu partais aujourd'hui. (imparfait)

2. Quels cours _____-tu cette année? (présent)

3. Madame Calment _____ plus de 120 ans. (passé composé)

4. Quand j'étais petit, je _____ mon frère partout. (imparfait)

5. Mes enfants ne _____ plus au père Noël. (présent)

6. Je sais que tu ne dis pas la vérité et je ne te _____ pas! (présent)

7. Mes parents _____ à Toulouse, mais je _____ à Paris. (présent)

8. Il y a quelqu'un qui me _____ tous les jours quand je sors de la maison et je n'aime pas ça du tout. (présent)

9. Marc _____ que nous n'allions pas venir et il est parti sans attendre. (passé composé)

10. Je pars le premier et vous me _____ , d'accord? (présent)

Thème et version

A. Version. Put the following into normal, natural English.

Quand nous étions petits, mon frère et moi allions toujours en vacances chez oncle Charles. On s'amusait bien parce qu'il habitait une ferme dans le sud de la France et que nous pouvions jouer à l'extérieur toute la journée avec nos cousins et les animaux. Mais une année, nous avons dû rester à la maison parce qu'oncle Charles était malade. Cet été-là, nous avons été très malheureux, mon frère et moi.

_____

_____

_____

_____

_____

_____

B. Thème. Put the following into French.

1. There's a program about (on) Sydney on television tonight.

_____

2. Who gave you permission to come in?

_____

3. I wasn't hungry, but when I saw all the desserts on the table, I got hungry!

_____

_____

Et pour finir

Les informations de l'université. Using your own paper, prepare a one-minute radio newsbreak for the French-speaking population of your school.

Système-D

PHRASES: Sequencing events

Self-assessment. Make a list of four elements that would contribute to making your presentation a real newsbreak for this particular population.

1. _____

2. _____

3. _____

4. _____

1. **Les nouvelles importantes.** Make a list of the five most important events of the past few days, local, regional, national, or international.

_____

_____

_____

_____

_____

2. **Des détails.** For each news item, write some interesting details (when, where, what, why, etc.)

3. **Flash info.** Put all your information together and write a one-minute newsbreak for a school radio in French. Make sure you address the interest and the queries of your audience.

Évaluation. Before you deliver your newsbreak, check the four elements you thought would contribute to making a good newsbreak. Revise to include what you have forgotten or not made clear.

Vocabulaire facultatif

Noms

un accident (d'avion, de train, de voiture)
   (plane, train, car) accident (crash)
les actualités *(f.pl.) news*
un assassinat *assassination*
un auditeur, une auditrice *listener*
les auditeurs *(m.pl.) listening audience*
une bombe *bomb*
un cambriolage *burglary*
une catastrophe *catastrophe*
une comédie musicale *musical comedy*
un détournement d'avion *airplane hijacking*
la drogue *drug (illegal)*
un épisode *episode*
une explosion *explosion*
un film doublé *dubbed film*
un film en version originale *foreign film*

un film sous-titré *film with subtitles*
un incendie *fire*
une inondation *flood*
un orchestre *orchestra*
un présentateur, une présentatrice *host/hostess*
la sexualité *sexuality*
un téléspectateur, une téléspectatrice *TV viewer*
les téléspectateurs *(m.pl.) viewing audience*
un téléviseur *television set*
un(e) terroriste *terrorist*
le terrorisme *terrorism*
une tornade *tornado*
une tragédie *tragedy*
un tremblement de terre *earthquake*
la violence *violence*
un vol *theft*

Adjectif

régional(e), régionaux (régionales) *regional, local*

Verbes

attaquer *to attack*
exploser *to explode*

voler *to steal*

Divers

au feu! *fire!*
au secours! *help!*

au voleur! *thief!*

Le français familier

piquer = voler

en V.O. = en version originale

Le tour du monde en 365 jours

Activités de vocabulaire

A. Quatre types de voyages. Divide the following words into four categories according to the type of trip they are associated with.

> aéroport / billet / faire de l'auto-stop / conduire / hôtesse de l'air / compartiment / pilote / place / TGV / gare / route / passeport / carte / quai / guichet / bagages / steward / croisière / taxi / faire le tour du monde

1. Voyage en bateau: _____

   _____

2. Voyage en voiture: _____

   _____

3. Voyage en train: _____

   _____

4. Voyage en avion: _____

   _____

B. L'heure, c'est l'heure! Say if the following people tend to be early, late, or on time. Use **à l'heure, en avance, en retard, tôt,** or **tard.**

1. Quand Florence doit arriver à huit heures, elle arrive à huit heures et demie. Elle est toujours

   _____ .

2. Paul se lève à six heures du matin tous les jours. Il se lève _____ .

3. Quand Simone va à l'aéroport, elle arrive toujours _____ parce qu'elle veut avoir une

   place près de la fenêtre.

4. Je ne peux pas me réveiller le matin parce que je me couche toujours très _____ le soir.

5. Soyez _____ ou nous commençons sans vous!

C. En voyage. Everyone is traveling! Complete each sentence with **à**, **au**, **en**, or **aux**.

1. Éric va _____ San Francisco, _____ États-Unis.

2. Suzanne va _____ Chine.

3. Bob va _____ France et _____ Suisse.

4. Micheline va _____ Sénégal.

5. Claude va _____ Sydney et _____ Melbourne, _____ Australie.

6. Robert va _____ Canada et _____ États-Unis pour rendre visite à des amis.

7. Kathy va _____ Mexique, mais son petit ami Bill va _____ Israël.

D. Où? Mme Petit, a travel agent, is very busy answering the questions of French tourists. Help her out.

Modèle   Où se trouve Santa Barbara?
               En Californie.

1. Où se trouve Baton Rouge? _____

2. Où se trouve Berlin? _____

3. Où se trouve DisneyWorld? _____

4. Où se trouve Saint-Pétersbourg? _____

5. Où se trouve Dallas? _____

6. Où se trouve le Vatican? _____

7. Où se trouve le Sahara? _____

8. Où se trouve Marrakech? _____

E. On va tous à Cannes. A group of French friends is meeting in Cannes for their vacation, all using various means of transportation. Say how they're going.

1. Michel habite à Paris. Il a peur des avions et il déteste conduire. Il va à Cannes _____ .

2. Alex habite à Bruxelles et il n'a pas beaucoup de temps. Il descend à Cannes _____ parce que c'est plus rapide que la voiture ou le train.

3. Nathalie habite à Nice. Elle va à Cannes _____ parce qu'elle vient d'acheter une petite Renault.

4. Isabelle habite à Casablanca et elle n'a pas de voiture. D'abord, elle va en Espagne

   _____ parce qu'elle n'aime pas l'avion. Après, elle va aller à Cannes

   _____ , comme Michel. Mais son voyage va être beaucoup plus long!

F. Le contraire. Give the opposite of each word or expression.

1. lentement _____

2. rapide _____

3. plein _____

4. être assis _____

5. léger _____

G. Quel verbe? Complete each sentence with one of the following verbs or expressions in the tense indicated.

conduire / emporter / louer / manquer / passer / rendre visite à / visiter /
traverser / espérer / découvrir

1. Il y a de la neige. Ne _____ pas trop vite! (impératif)

2. Quand nous sommes allés à Marseille, nous _____ l'oncle Jules. (passé composé)

3. J(e) _____ mon train et je suis arrivée en retard. (passé composé)

4. Nous _____ toute l'Australie en voiture! (passé composé)

5. Si vous allez aux États-Unis, _____ New York et San Francisco! (impératif)

6. Quand tu es allé à Montréal de Chicago, est-ce que tu _____ par Toronto ou par

   Buffalo? (passé composé)

7. L'été dernier, nous _____ une maison en Italie. (passé composé)

8. Quand je voyage en avion, j(e) _____ un sac et c'est tout. (présent)

9. C'est vrai que les Américains _____ à seize ans? (présent)

10. Vous savez qui _____ la radioactivité? (passé composé)

11. Christelle _____ que Jean-Paul va lui téléphoner. (présent)

12. Nous _____ huit jours à la mer. (passé composé)

H. Arnaud achète tout! Arnaud is buying things in a department store. Complete with a form of **ce.**

Bon, j'achète _____ pantalon, _____ chemise et _____ chaussures. J'achète aussi _____

appareil-photo, _____ lunettes de soleil, _____ livre et _____ télévision. Est-ce que j'ai assez

d'argent?

I. Quelle est la question? You have the answer. Ask the question using a form of **quel.**

1. — _____

— Il est huit heures.

2. — _____

— Nous mangeons à sept heures.

3. — _____

— Je vais acheter une Mercedes.

4. — _____

— Je préfère le bleu.

5. — _____

— Il fait très beau!

J. Quel ou qu'est-ce que? Complete each question with a form of **quel** or **qu'est-ce que.**

1. _____ tu veux?

2. _____ livres est-ce que tu as lus?

3. _____ est la vérité?

4. _____ vous mangez?

5. _____ avion prenez-vous?

Activités de structure

Le futur

A. Demain sera différent. Everybody will do something else tomorrow. Say so by rewriting each sentence in the future.

Modèle   Aujourd'hui, Pierre ne travaille pas.

   Mais demain, il travaillera.

1. Aujourd'hui, Paul n'écrit pas de lettres.

Mais demain, _____ .

2. Aujourd'hui, je ne finis pas mes devoirs.

Mais demain, _____ .

3. Aujourd'hui, nous ne sortons pas.

   Mais demain, _____.

4. Aujourd'hui, tu ne peux pas t'amuser.

   Mais demain, _____.

5. Aujourd'hui, vous ne savez pas nager.

   Mais demain, _____.

6. Aujourd'hui, je ne vois pas mon professeur.

   Mais demain, _____.

7. Aujourd'hui, les Thonon ne sont pas chez eux.

   Mais demain, _____.

8. Aujourd'hui, nous ne nous levons pas à sept heures.

   Mais demain, _____.

9. Aujourd'hui, vous n'essayez pas de finir votre travail.

   Mais demain, _____.

10. Aujourd'hui, tu ne te sèches pas les cheveux.

    Mais demain, _____.

11. Aujourd'hui, Marc ne fait pas la cuisine.

    Mais demain, _____.

12. Aujourd'hui, nous ne venons pas vous voir.

    Mais demain, _____.

13. Aujourd'hui, Patrick et Michèle ne vont pas à la plage.

    Mais demain, _____.

14. Aujourd'hui, vous ne me répondez pas.

    Mais demain, _____.

15. Aujourd'hui, je n'ai pas de voiture.

    Mais demain, _____.

16. Aujourd'hui, je ne te crois pas.

    Mais demain, _____.

B. Des vacances à l'hôtel Salako, à la Guadeloupe. Céline et Sébastien are going to spend a week at the hotel Salako in Guadeloupe. Read the hotel brochure and make a list of the things they will probably do while they are there. Use the following verbs in the future tense at least once: **rester, coûter, avoir, prendre, manger, boire, se reposer, se lever, se coucher, se promener, acheter, faire, jouer, aller, danser, voir, envoyer, être.** Add details and do not forget to link sentences within your text with words like **et, mais, donc, parce que, alors, bien sûr,** etc.

GUADELOUPE
SÉJOUR _____

GOSIER

Le Salako est voisin de la Créole Beach – les deux hôtels communiquent par les plages – et est géré par le même groupe.
Véritable hôtel de loisirs axé sur les activités sportives dans la journée et l'animation à thème en soirée.

LE SALAKO ~~~

Holiday Inn
SunSpree Resort

Situation :
Sur la commune de Gosier, à 6 km de Pointe-à-Pitre, au lieu-dit la Pointe de la Verdure, où sont regroupés plusieurs grands hôtels. Le centre du bourg de Gosier est à 2 km.

Portrait :
Hôtel géré par le Groupe Leader.
Il est situé dans un jardin tropical, face à une belle plage de sable bordée de cocotiers.
Les 120 chambres, dont certaines communicantes, sont réparties sur 5 étages et desservies par ascenseur. Les chambres, à grand lit ou lits jumeaux, ont toutes vue latérale sur mer. Climatisation, balcon, TV couleur, téléphone direct, mini-bar, salle de bains et WC.
Restaurant « Le Saintois » pour petit déjeuner américain en buffet et dîner selon menu.
Buffets à thème certains soirs.
Le forfait en demi-pension comprend le petit déjeuner et le dîner avec boissons (vin et eau minérale).
Pizzeria/snack-bar « Chez Charlyse » sur la plage, bar « Le Saintois », boutique, coffres-forts à la réception, service de blanchisserie, Kid's club pour les enfants de 4 à 12 ans, 6 jours sur 7, pendant les vacances scolaires. Salles de conférences.

Loisirs (gratuits) :
Plage de sable aménagée, piscine d'eau douce, bassin pour enfants, jeux de piscine, initiation à la plongée en piscine, pédalos, petit matériel de plongée libre, planche à voile (une heure par jour, large gamme de planches). Tennis le jour (4 courts) volley-ball, minigolf, pétanque, ping-pong, tir à l'arc, jeux de société.

Club de gymnastique 7 jours sur 7 : musculation, tonification, expressiv'gym, harmonic'gym, jazz, baby-judo, steps, danse, stretching, aérobic.

Cocktail de bienvenue et de Direction chaque semaine, jeux apéritifs, soirées à thème, soirées dansantes, ballet folklorique, limbo.

(Avec participation) : Plongée sous-marine, pêche au gros, jet ski et scooter des mers (permis obligatoire), ski nautique sur la plage de la Créole Beach, Hobbie cat 16 et 21, canoë, balades en mer. Tennis le soir, leçons de tennis, billard.

ATOUT REV
Boissons incluses aux dîners.
Animation de la journée antillaise avec déjeuner, incluse sans supplément.
Mini-club enfants (à partir de 4 ans) en période de vacances scolaires.

Ils partiront le 12 février… _____

_____

_____

_____

_____

_____

_____

_____

_____

_____

_____

_____

_____

_____

_____

_____

_____

_____

Le pronom *y*

C. Des projets. Everybody is doing something different this afternoon. Rewrite each sentence, replacing the words in italics with **y.**

1. Véronique va *en ville.*

_____

2. Vincent va répondre *à la lettre de son père.*

_____

3. Patrick veut mettre une table et des chaises *dans le jardin.*

_____

4. Michèle ne veut pas étudier *dans sa chambre.*

_____

5. Mon chat a apporté un oiseau *sous mon lit.*

_____

6. Jean-Pierre ne part pas *en Espagne,* il a trop de travail.

_____

D. Et vous? Answer the following questions, using the pronoun **y.**

1. Êtes-vous déjà allé(e) en vacances au Québec?

   _____

2. Allez-vous à la bibliothèque à pied ou en voiture?

   _____

3. Aimez-vous aller au cinéma?

   _____

4. Est-ce qu'on met des bananes dans un réfrigérateur?

   _____

5. Êtes-vous déjà monté(e) sur la Tour Eiffel?

   _____

6. Vivez-vous à la campagne?

   _____

Récapitulation: les pronoms

E. Il y a trop de noms. Replace the words in italics with pronouns.

1. Laurence, tu réponds *au téléphone?*

   _____

2. Pourquoi est-ce que tu n'as pas répondu *à ta mère?*

   _____

3. Je pense que *Diane* va *au Canada* avec *Luc.*

   _____

4. *Les Thompson* viennent *de New York.*

   _____

5. Hier, j'ai écrit *aux Firket* que j'irai chez *les Firket* en juillet.

   _____

6. Nous partons *de Rome* le deux août pour aller *à Florence.*

   _____

7. Je voudrais mettre des fleurs *sur mon balcon.*

   _____

8. Quand je suis allé *à Dallas,* j'ai acheté deux *chapeaux de cow-boy.*

   _____

F. L'esprit de contradiction. M. Devrée is constantly contradicting himself. Here are some things he told his children to do yesterday. Say what he said next, replacing the words in italics with pronouns.

Modèle Mange *de la glace!*   Ne regarde pas *la télévision!*
           Non, **n'en mange pas!**   Si, **regarde-la!**

1. Écris *à ta grand-mère!*
   Non, _____ !

2. Ne *me* parle pas!
   Si, _____ !

3. Achète *du beurre!*
   Non, _____ !

4. Embrasse-*moi!*
   Non, _____ !

5. Ne va pas *dans ta chambre* maintenant!
   Si, _____ !

6. Ne téléphone pas *à tes amies!*
   Si, _____ !

7. Ne mange pas *de frites!*
   Si, _____ !

8. Ne *te* promène pas maintenant!
   Si, _____ !

9. Emmène ta petite sœur *en ville!*
   Non, _____ !

10. Ne parle pas *de tes problèmes!*
    Si, _____ !

11. Regarde-*toi* dans le miroir!
    Non, _____ !

12. Suis *des cours de musique!*
    Non, _____ !

Thème et version

A. Version. Put the following into normal, natural English.

1. Vous avez de la place dans votre voiture? Vous m'emmenez?

   _____

2. Je devais changer de train à Paris, mais mon premier train était en retard et j'ai manqué le train pour Toulouse.

   _____

   _____

3. Je me marierai quand j'aurai trente ans, pas avant!

   _____

B. Thème. Put the following into French.

1. — Are you walking to the library?
   — No, I'm driving (there).

   _____

   _____

2. — Why aren't you flying to Canada?
   — Because I hate flying! I'd rather take the bus.

   _____

   _____

3. Today, I'm going to visit my grandmother.

   _____

4. I don't work tomorrow. I hope the weather will be nice!

   _____

Et pour finir

Le Tour du monde. Jean-Pierre and Anne's trip gave you an idea—what about going around the world after graduation? But since you'll need some financial help, you have to persuade your (grand)parents! Get out some paper and follow the steps below.

Système-D

VOCABULARY: Countries; Geography; Means of transportation; Traveling
GRAMMAR: Prepositions **à, en** with places
PHRASES: Writing a letter (informal); Persuading

Self-assessment. Prior to writing your letter, list the elements that will contribute to holding the attention, interest, and sympathy of your readers, and what you need to include to convince them.

1. _____
2. _____
3. _____
4. _____

1. **Mon itinéraire.** Look at a world map and decide on an itinerary that would make sense assuming you are leaving from your hometown. Write the names of the countries in the order you plan to visit them and the cities you will visit.

Pays	Villes

2. **Des détails.**

   a. Étapes et moyens de transport: How are you going to travel? Where are you going to stop? For how long? (**Exemple: New York–Paris: en avion, Paris, une semaine.**)

Moyens de transport	Durée
_____	_____
_____	_____
_____	_____
_____	_____
_____	_____

   b. Pourquoi? Why are you going to each place? Write down one or two interesting things to do for each.

Pays/Ville	Activités
_____	_____
_____	_____
_____	_____
_____	_____

3. **Ma lettre.** Now, write a nice letter to your (grand)parents. Start with a few general sentences, explain your plans in detail, and diplomatically ask for their blessing and some money! To write about projects and plans, you may want to use **aller** + infinitive, the future tense, verb expressions like **je voudrais** or **j'aimerais,** etc. To express need, keep in mind the expression **avoir besoin de.**

   _____ ,
   _____
   _____
   _____
   _____
   _____
   _____
   _____
   _____
   _____
   _____
   _____

Évaluation. Reread your letter. Check the four elements you thought were necessary to convince your readers. Revise to change what was not sufficiently or not well enough expressed.

𝒱ocabulaire facultatif

Noms

une agence de voyages *travel agency*
un animateur, une animatrice *activities director*
un arrêt (*m.*) *bus stop*
l'arrivée (*f.*) *arrival*
l'Atlantique (*m.*) *Atlantic*
   l'océan Atlantique (*m.*) *Atlantic Ocean*
une auberge de jeunesse *youth hostel*
le buffet de la gare *train station restaurant*
un bureau de change *money exchange*
une cabine *cabin*
un capitaine *captain*
une carte d'embarquement *boarding pass*
une ceinture de sécurité *seat belt*
un chariot (à bagages) *baggage cart*
un chauffeur *driver*
la classe affaires *business class*
la classe touriste *tourist class*
un comptoir *counter*
la consigne *luggage room, cloakroom*
un contrôleur *conductor*
le contrôle des passeports *passport control*
une correspondance *connection*
une couchette *bed in a sleeping car*
des écouteurs (*m.pl.*) *headphones*
une escale *stopover*
l'essence (*f.*) *gas(oline)*

un express *express train*
les grandes lignes (*f.pl.*) *major lines (train)*
la jungle *jungle*
une limousine *limousine*
le mal de l'air *airsickness*
le mal de mer *seasickness*
le Pacifique *Pacific*
   l'océan Pacifique (*m.*) *Pacific Ocean*
un panneau, des panneaux *sign*
un passage souterrain *passage under train tracks*
une place fumeurs, non fumeurs *smoking,*
   non-smoking seat
la police *police*
la porte d'embarquement *boarding gate*
la première classe *first class*
une salle d'attente *waiting room*
la sortie *exit*
une station-service *service station*
un ticket de quai *platform ticket*
un train de banlieue *surburban train*
un train direct *direct train*
un vol direct *direct flight*
un wagon *car (train)*
un wagon-lits *sleeping car*
un wagon-restaurant *dining car*

Les pays

l'Afrique du Sud (*f.*) *South Africa*
l'Argentine (*f.*) *Argentina*
   Argentin(e) *Argentinian*
le Brésil *Brazil*
   Brésilien, Brésilienne *Brazilian*
la Colombie *Colombia*
   Colombien, Colombienne *Colombian*
la Corée *Korea*
   Coréen, Coréenne *Korean*

la Côte d'Ivoire *Ivory Coast*
   Ivoirien, Ivoirienne *from the Ivory Coast*
la Suède *Sweden*
   Suédois(e) *Swedish*
la Tunisie *Tunisia*
   Tunisien, Tunisienne *Tunisian*

Verbes

attacher (sa ceinture) *to fasten (one's seat belt)*
atterrir (conj. like finir) *to land*
confirmer (un vol) *to confirm (a flight)*
déclarer *to declare*
décoller *to take off (plane)*
descendre (du train, de la voiture)
   to get off (a train); to get out (of a car)

enregistrer (les bagages) *to check (luggage)*
monter (dans le train, la voiture) *to get on (a train),*
   to get in (a car)
survoler *to fly over*
transporter *to transport, carry*

Adjectif

climatisé(e) *air-conditioned*

Divers

être en panne *to have a breakdown*

Le Tour de France

Activités de vocabulaire

A. Associations. What two words or expressions do you associate with the following.

Modèle une région
  le Nord, une région historique

1. un monument

  _____

2. un orage

  _____

3. une étoile

  _____

4. une forêt

  _____

5. un nuage

  _____

6. le centre-ville

  _____

7. un fleuve

  _____

8. la Normandie

  _____

B. Votre ville. Where is your hometown?

Modèle Par rapport à New York?
  À l'ouest de New York.

1. Par rapport à New York? _____

2. Par rapport à Miami? _____

3. Par rapport à La Nouvelle-Orléans? _____

4. Par rapport à Vancouver? _____

C. Au Canada. There are a lot of people in Canada this summer! Complete each sentence using **gens, personne, on,** or **monde.**

1. Il y a du _____ au Canada cet été parce que le dollar canadien est bas.

2. Nous allons au Canada parce qu'_____ y parle français et anglais.

3. Les Canadiens sont des _____ très sympathiques.

4. Au Canada, je connais une _____ qui va me montrer Montréal.

5. _____ dit que les hivers sont très froids à Québec.

6. En été, à Montréal, tout le _____ se promène dans les rues le soir.

D. Les États-Unis. During his junior year in France, Sam was asked to talk about various regions of the United States. The model shows what he said about the northeast. What might he have said about other regions? What might he have said if he were from Canada (various regions)?

Modèle   Dans le nord-est, *il y a des grandes villes comme New York et Boston. Il y a aussi des montagnes où on peut faire du ski en hiver.*

Dans l'ouest, _____

_____.

Dans le sud, _____

_____.

Dans le centre-nord *(midwest),* _____

_____.

Dans le sud-ouest, _____

_____.

Dans le centre-ouest *(mountain states),* _____

_____.

Sur la côte Pacifique *(west coast),* _____

_____.

E. Et chez vous? In a few sentences, describe your hometown: What region is it located in? Near what big city? What's the weather like? What's special about your region? Your hometown? Anything interesting to visit for tourists?

_____

_____

_____

_____

_____

_____

_____

Activités de structure

Le conditionnel

A. Soyez polis! Use the conditional to make these sentences more polite and less abrupt.

1. Je veux manger! _____

2. Nous voulons partir! _____

3. Vous pouvez m'aider? _____

4. Tu dois travailler! _____

5. Les Launay doivent acheter une voiture. _____

_____

6. Vincent et Thérèse peuvent venir, non? _____

_____

B. Complétez. Complete each sentence with the conditional of the verb in parentheses.

1. Si j'étais riche, je _____ un billet de première. (prendre)

2. Si vous aviez des vacances, où est-ce que vous _____ ? (aller)

3. Si tu voulais, tu _____ (étudier) et tu _____ . (réussir)

4. Si vous travailliez plus vite, vous _____ ce soir! (finir)

5. Si le professeur savait la vérité, il ne _____ pas content! (être)

6. Vous _____ peur la nuit si vous aviez un chien? (avoir)

7. Nous _____ beaucoup si nous avions le temps. (lire)

8. S'ils pouvaient, Jean et Marie _____ à la montagne. (vivre)

9. Si j'avais le temps, je _____ à ma vieille tante plus souvent. (rendre visite)

10. Tu _____ mieux si tu allais un peu moins vite! (conduire)

C. Conditionnel ou imparfait? Complete each sentence with the conditional or imperfect.

1. Si j(e) _____ (avoir) un chien, j(e) _____ (se promener) souvent.

2. S'ils _____ (aimer) leur maison, ils ne la _____ pas (vendre).

3. Je te _____ (détester) si tu _____ (partir) sans moi!

4. Nous _____ (prendre) l'avion si nous _____ (être) pressés.

5. Si vous lui _____ (parler), vous _____ (savoir) la vérité.

6. Si Jean-Michel _____ (vouloir), il _____ (pouvoir) trouver du travail.

7. Si tu _____ (dire) toujours la vérité, on te _____ (croire)!

Avec des si: Les phrases avec *si*

D. Si jeunesse savait, si vieillesse pouvait... Suzanne Mabille often doesn't agree with her family, especially her uncle, Vincent Dubois. Complete their discussion, putting the verbs in parentheses in the appropriate tense (**présent, imparfait, futur, conditionnel**).

V.D.   Écoute Suzanne. Soyons sérieux. Tu _____ (être) trop idéaliste. Si tu

_____ (travailler) pour gagner ta vie, tu serais plus réaliste.

S.M.   Mais non! C'est toi qui n(e) _____ (être) pas honnête. Si tu ouvrais les yeux, tu

_____ (voir) le monde comme il est... les problèmes et tout.

V.D.   Et toi, tu _____ (avoir) quel âge? 100 ans? Moi, je _____

(connaître) le monde mieux que toi. La vie n(e) _____ (être) pas facile et même si

on _____ (vouloir), on ne pourrait pas tout changer. Il y a des limites.

S.M.   Justement! Les limites! C(e) _____ (être) ça le problème. Si tu vois toujours les limites,

tu ne _____ (trouver) jamais de réponse!

V.D.   Oui, et toi si tu continues à chercher des réponses là où il n'y en a pas, moi je _____

(croire) que tu _____ (être) toujours malheureuse.

S.M.   Alors, moi, je _____ (préférer) être malheureuse!

V.D.   Bon, écoute. On _____ (discuter) trop. Si on _____ (aller)

regarder un peu la télé?

S.M.   Oncle Vincent!

Les pronoms relatifs *ce qui* et *ce que*

E. La déprime! Alceste is depressed. Nothing interests him anymore. Use **ce qui** or **ce que** to complete what he's saying to his psychologist.

Je ne sais pas _____ s'est passé, mais je suis très malheureux. Je ne sais plus _____

m'amuse, mais je sais très bien _____ m'énerve: mon métier, Candide, ma vie... Je n'aime plus

_____ je fais et je déteste _____ j'aimais avant. Est-ce que vous comprenez

_____ je dis? Je voudrais vraiment savoir _____ vous pensez de mes problèmes.

F. Les questions du psychologue. To understand Alceste's problems, the psychologist asks him questions. Complete with **ce qui, ce que, quel, qu'est-ce qui,** or **qu'est-ce que.**

1. _____ vous aimiez faire avant?

2. _____ vous amusait?

3. _____ métier faites-vous?

4. Je voudrais savoir _____ vous pensez de votre métier. Pourquoi est-ce qu'il vous énerve maintenant?

5. Et Candide? Est-ce que vous lui avez dit _____ se passe?

𝒯hème et version

A. Version. Put the following into normal, natural English.

1. Chartres est une cathédrale du treizième siècle qui se trouve à 96 km au sud-ouest de Paris.

_____

_____

2. Le Château Frontenac est un hôtel célèbre qui se trouve au bord du fleuve Saint-Laurent à Québec.

_____

_____

3. Il y a trop de monde sur la Côte d'Azur en été, alors moi, j'aimerais mieux rester dans les collines de Provence.

_____

_____

B. Thème. Put the following into French.

1. Not one (a) cloud in the sky! We're lucky!

_____

2. I don't know what he thinks.

_____

3. If I were you, I wouldn't go to Nice in July.

_____

ℰt pour finir

Le Tour de… ? The **Tour de France** gave you an idea. Why not organize a bike tour around your own area? It need not be a bicycle race but should include sightseeing and a specific itinerary. You will write a summary of the event.

Système-D

| VOCABULARY: Geography; Directions and distance; Days of the week
| GRAMMAR: Future tense
| PHRASES: Sequencing events

Self-assessment. Think of four elements that are essential to making this event attractive and interesting and your description irresistible.

1. _____
2. _____
3. _____
4. _____

Follow these steps to organize your paper.

1. **D'où je viens.** Write descriptive sentences of your area. Include important cities and physical characteristics: mountains, hills, rivers, monuments, etc.

_____
_____
_____
_____
_____
_____
_____

2. **L'organisation.** Decide how many days the event will last and what its different stages (**étapes**) will be, including a few rest days (**jours de repos**). Indicate the chosen itinerary and give the reasons for your choice of stages. Use your notes from the previous section.

Étapes	Raisons
_____	_____
_____	_____
_____	_____
_____	_____
_____	_____
_____	_____

3. **L'événement.** You have been asked to write a news release for the Francophone world. Assemble in an organized fashion the notes you prepared, alternating the description of the itinerary, its difficulty, and interest, as well as the reason why this event was designed this way. Use a separate piece of paper.

Évaluation. When you are finished, check your news release for the four elements you judged were necessary to make this news release interesting. Revise to adjust and make improvement.

𝒱ocabulaire facultatif

Noms

la Bourgogne *Burgundy*
une caravane *trailer*
un pré *meadow*
une chapelle *chapel*
la chasse *hunting*
un chasseur *hunter*
un coquillage *(sea)shell*
un étang *pond*
une grotte *cave*
un guide *guide*
l'herbe (f.) *grass*
un hôtelier, une hôtelière *hotel owner*
un parc naturel *reserve, national park*
un parfum *perfume*
le Pays de la Loire *Loire Valley*

la pêche *fishing*
un pêcheur *fisherman*
un port de pêche *fishing port*
un port de plaisance *marina*
une rive *bank*
un rocher *rock*
une ruine *ruin*
une station balnéaire *seaside resort*
une tempête *bad storm with high winds*
une tente *tent*
un terrain de camping *campground*
le tourisme *tourism*
une vue *view*
un yacht *yacht*

Verbes

loger *to stay (for the night)*

ramasser *to gather, pick up*

Adjectifs

bruyant(e) *noisy*
isolé(e) *isolated*

rural(e) *rural*
sauvage *wild*

Divers

avoir rendez-vous avec *to have a meeting/
    date with*
le beau temps *good weather*
ça a été? *how'd it go?/did it go OK?*
dormir à la belle étoile *to sleep under the stars*

il fait orageux *it's stormy*
le mauvais temps *bad weather*
nulle part *nowhere*
quelque part *somewhere*
tant pis *too bad*

Le français familier

génial! *great, super*

sensas *sensational, terrific, great*

Le bonheur, qu'est-ce que c'est?

Activités de vocabulaire

A. Alceste a raison ou il a tort? For each of Alceste's statements, say if he is right or wrong.

1. La guerre, c'est mieux que la paix. Il _____.

2. Il y a beaucoup d'injustice dans le monde. Il _____.

3. L'amitié, ce n'est pas important dans la vie. Il _____.

4. On doit respecter ses parents. Il _____.

5. La santé, c'est plus important que la richesse. Il _____.

6. S'il faut choisir entre l'environnement et la sécurité du travail, moi, je choisis la sécurité du travail.

   Il _____.

7. Il y a encore trop de racisme et d'intolérance dans la société actuelle. Il _____.

B. Le contraire. Find the opposite of each word or expression.

1. le bonheur _____

2. la paix _____

3. accepter _____

4. probablement _____

5. réaliste _____

6. la vie _____

7. la maladie _____

8. ne rien faire _____

C. Associations. Find two words or expressions that you associate with each of the following:

1. le bonheur _____

2. le malheur _____

3. aimer _____

4. souffrir _____

5. apprécier _____

6. une sortie _____

7. l'immigration _____

8. l'écologie _____

D. Comment sont-ils? Find an adjective that suits each person.

1. M. Laborde donne des «F» aux étudiants qu'il n'aime pas. Il est _____ .

2. Mme Lacroix croit que les femmes devraient rester à la maison et s'occuper de leur mari et de leurs enfants.

Elle est _____ .

3. Yves vit pour faire de l'argent. Il ne s'intéresse à rien d'autre. Il est _____ .

4. Marie veut tout faire toute seule. Elle ne veut pas qu'on l'aide. Elle est _____ .

E. Je suis pour, je suis contre... What five things are you for? Against?

<table>
<tr><th>Je suis pour...</th><th>Je suis contre...</th></tr>
<tr><td>_____</td><td>_____</td></tr>
<tr><td>_____</td><td>_____</td></tr>
<tr><td>_____</td><td>_____</td></tr>
<tr><td>_____</td><td>_____</td></tr>
<tr><td>_____</td><td>_____</td></tr>
</table>

F. Les idées de Suzanne. To find out what Suzanne thinks, complete her thoughts in the present or the infinitive using **agir, critiquer, discuter, s'intéresser, intéresser, refuser,** or **respecter.**

Je déteste les gens qui _____ tout mais qui n(e) _____ pas!

Oncle Vincent, par exemple. Il n(e) _____ à rien, sauf à son argent! Mais il

_____ tout le temps le gouvernement! Et tante Thérèse? La politique ne l(a)

_____ pas du tout. On ne peut jamais _____ avec elle des problèmes

du monde. J(e) _____ beaucoup mon grand-père parce qu'il _____

à tout, et j(e) _____ souvent avec lui, mais on n'est pas d'accord. Il

_____ d'agir parce qu'il dit qu'il ne peut rien faire. Moi, j(e) _____

beaucoup, j(e) _____ tout le temps, mais j(e) _____ d'accepter le

monde comme il est et j(e) _____ pour le changer!

Activités de structure

Le subjonctif, qu'est-ce que c'est?

A. La lettre de Cédric. Cédric wrote a letter to his father. Give the mood and, if the verb is in the indicative, the tense of the verbs in italics.

> Cher Papa,
> Pourquoi est-ce que tu ne m'*écris* pas? Je suis si malheureux! *Écris*-moi, s'il te plaît, même une carte postale si tu n'as pas le temps d'écrire une lettre! Je *voudrais* vraiment que tu *viennes* me voir, tu sais! Nous *pourrions* parler, ce serait encore mieux qu'une lettre! *Écoute!* Si tu ne *viens* pas, c'est moi qui *irai* à Paris. J'*ai décidé* que je ne *voulais* plus vivre avec maman. Je *serais* si content que tu *veuilles* bien que j'*aille* habiter avec toi!
>
> Cédric

Verb	Mood/Tense	Verb	Mood/Tense
tu ne m'écris pas		qui irai	
Écris-moi		J'ai décidé	
Je voudrais		je ne voulais plus	
tu viennes		Je serais	
Nous pourrions		tu veuilles	
Écoute!		j'aille	
tu ne viens pas			

Formation du subjonctif

B. Les sentiments de Cédric. Here are a few of Cédric's feelings. Complete with a form of the verb in the subjunctive.

1. Je voudrais que mon père _____ avec moi. (vivre)

2. Je ne suis pas content que mon père ne _____ pas à mes lettres. (répondre)

3. Il faut que je _____ à mes examens. (réussir)

4. Il faut qu'une fille m' _____ (aimer) pour que je _____ être heureux. (pouvoir)

5. Je ne veux pas que ma mère _____ que je veux partir. (savoir)

6. Il ne faut pas que mon père _____ en vacances sans moi. (partir)

7. Il faut que je _____ avec des filles. (sortir)

8. Il ne faut pas que Christine et Maman _____ mes lettres! (découvrir)

9. Il faut que je _____ des économies pour aller à Paris. (faire)

C. Les souhaits. Everybody wants something different. Complete each sentence with a form of the verb in the subjunctive.

1. Cédric veut que son père _____ le voir. (venir)

2. Vincent veut que sa femme _____ belle. (être)

3. Suzanne veut que nous _____ plus actifs. (être)

4. Jacques veut que Paulette _____ souvent le voir. (aller)

5. Guillaume veut que ses parents le _____ dans les bras. (prendre)

6. Thérèse veut que Vincent ne _____ plus. (boire)

7. L'université veut que nous ne _____ pas. (boire)

8. Je veux que mon professeur me _____ . (comprendre)

9. Nos parents veulent que nous les _____ . (comprendre)

10. Les professeurs veulent que nous _____ à leurs cours. (aller)

11. Je voudrais que vous _____ raison! (avoir)

12. Je voudrais que vous _____ me voir. (venir)

13. Vincent voudrait que je le _____ , mais c'est impossible! (croire)

14. Vos parents veulent que vous _____ bien parce que l'université coûte cher. (étudier)

Usage du subjonctif

D. Subjonctif ou infinitif? Complete each sentence using verbs in the subjunctive or infinitive.

1. Je voudrais _____ (boire) un peu d'eau avant de _____ (partir).

2. Je suis content que tu me _____ (comprendre).

3. Je veux te _____ (voir) avant que tu _____ (sortir).

4. Je te téléphonerai pour te _____ (réveiller), d'accord?

5. Nous sommes contents de _____ (quitter) Paris.

6. Il faut _____ (étudier) pour _____ (réussir).

7. Il faut que nous _____ (aller) voir oncle Charles.

8. Ils veulent que vous _____ (prendre) un verre avec eux.

E. Indicatif présent ou subjonctif? Complete each sentence using the verbs in the present indicative or the subjunctive.

1. J'espère qu'ils _____ (aller) arriver.

2. Nous ne voulons pas que vous _____ (partir).

3. Tu n'es pas content que tes parents _____ (vouloir) te voir?

4. Nous pensons qu'ils _____ (avoir) raison.

5. Je pense qu'il y _____ (avoir) trop de violence à la télévision.

6. Anne va dormir parce qu'elle _____ (être) fatiguée.

7. Est-ce que nous pouvons parler un peu avant que tu _____ (aller) dormir?

8. Je sais que tu _____ (vouloir) partir, mais je veux que tu _____ (attendre) un peu.

9. Il faut que tu _____ (savoir) la vérité!

10. Je voudrais que vous me _____ (croire), mais je sais que c(e) _____ (être) difficile à croire!

F. L'ange et le diable. An angel and a devil both have Charles's ear! Put the verbs in parentheses in the present indicative, the present subjunctive, or the infinitive.

L'ANGE: Charles, il faut que tu _____ (travailler) ! Tu dois _____ (se lever) tôt! Je ne suis pas content que tu _____ (dormir) jusqu'à midi! Et tes parents voudraient bien que tu leur _____ (écrire) de temps en temps! Si tu continues comme ça, je sais que tu _____ (aller) finir mal!

LE DIABLE: Charles, il ne faut pas que tu _____ (écouter) cet ange! La vie, c'est pour que tu _____ (s'amuser) ! Je veux que tu _____ (sortir) tous les soirs. Tu ne dois pas _____ (lire) trop, c'est mauvais pour les yeux. Être étudiant, ça ne veut pas dire étudier tout le temps. Il faut _____ (profiter) de la vie!

G. Et vous? Complete the following sentences.

1. Je sais que _____ .

2. Je veux que _____ .

3. J'espère que _____ .

4. Je suis triste que _____ .

5. Je veux _____ .

6. Je suis triste de _____ .

7. Il faut _____ .

8. Il faut que _____ .

9. Je suis content(e) de _____ .

Thème et version

A. Version. Put the following into normal, natural English.

1. Vincent ne s'intéresse pas aux problèmes sociaux actuels sauf quand ils concernent sa sécurité financière.

_____

_____

2. — Cédric se pose beaucoup de questions, mais, malheureusement, il n'ose pas en parler à sa mère.
   — Pour qu'elle puisse l'aider, il devrait en discuter avec elle!

_____

_____

_____

B. Thème. Put the following into French.

1. I want them to act (do something)!

_____

2. You're wrong! You have to tell him the truth!

_____

3. I wrote him a letter so that he knows you're coming.

_____

$\mathcal{E}$t pour finir

Le monde idéal pour mes enfants. What kind of world do you want your children to grow up in? Use a separate sheet of paper and follow the directions.

Self-assessment. What will constitute a good presentation of the wishes you have for your children. Make a list of four elements that your presentation should contain.

1. _____
2. _____
3. _____
4. _____

Système-D

| PHRASES: Expressing an opinion; Weighing alternatives |

1. **Ce que je voudrais.** Make a list of things you would like your children to know and experience. (Full sentences aren't necessary.)

2. **Ce que je ne veux pas.** Make a list of things you hope won't exist in the world your children will know. (Full sentences aren't necessary.)

3. **Le monde idéal pour mes enfants.** Now, write a paragraph describing the world you want for your children. Include what you want and don't want for them and explain why. Decide on an opening sentence and use a conclusion.

Évaluation. Now read your presentation and check to verify that it contains the elements you determined prior to writing. If not, correct.

*V*ocabulaire facultatif

Noms

une action *action*
l'agressivité *(f.)* *aggressiveness*
l'armement *(m.)* *armament*
un avantage *advantage*
la banlieue *suburbs*
le bien-être *well-being, comfort*
un but *goal*
le capitalisme *capitalism*
le communisme *communism*
la criminalité *criminality*
la démocratie *democracy*
un désavantage *disadvantage*
le destin *fate, destiny*
une difficulté *difficulty*
l'emploi *(m.)* *employment*
l'espace *(m.)* *space*
la faim *hunger*
le fascisme *fascism*
la fraternité *brotherhood*
la guerre nucléaire *nuclear war*

les impôts *(m.pl.)* *taxes*
l'inflation *(f.)* *inflation*
l'instruction *(f.)* *education*
le logement *housing*
le luxe *luxury*
la majorité *majority*
une menace *threat*
la mentalité *mentality*
la minorité *minority*
la moralité *morals, morality*
le nationalisme *nationalism*
l'optimisme *(m.)* *optimism*
le pessimisme *pessimism*
la peur *fear*
la religion *religion*
le risque *risk*
la solidarité *solidarity*
une valeur *value*
la verdure *greenery, verdure*

Adjectifs

angoissé(e) *anguished*
conservateur, conservatrice *conservative*
économique *economical*
effrayant(e) *frightening*
fataliste *fatalist*
hypocrite *hypocritical*
lucide *lucid*

mécontent(e) *dissatisfied*
moral(e), moraux, morales *moral*
objectif, objective *objective*
politique *political*
progressiste *progressive*
spirituel, spirituelle *spiritual, witty*
subjectif, subjective *subjective*

Verbes

augmenter *to increase*
se débrouiller *to manage*
défendre (de + inf.) (conj. like vendre) *to forbid*

diminuer *to decrease*
exister *to exist*

Divers

avoir de l'ambition *to be ambitious*
ça ne te (vous) regarde pas *it's none of
     your business*
être à droite *to be right-wing (politics)*
être à gauche *to be left-wing (politics)*
être fier (fière) de *to be proud of*

faire partie de *to belong to*
il est défendu (de + inf.); il est interdit (de + inf.)
     it's forbidden (to)
s'occuper de ses affaires *to mind one's own business*
par hasard *by chance, accident*
vivre dans la peur *to live in fear*

Appendice de grammaire

Les temps composés

A. À six heures hier. David did lots of things yesterday. Use the **plus-que-parfait** to say what he had already done by 6:00 P.M.

Modèle   finir mes devoirs
              Hier à six heures, j'avais déjà fini mes devoirs.

1. faire le ménage

   _____

2. envoyer une carte à une amie qui habite à Boston

   _____

3. lire cent pages de sciences économiques

   _____

4. faire du jogging

   _____

5. aller en ville pour acheter une chemise

   _____

6. écrire une dissertation de quinze pages

   _____

7. se laver les cheveux

   _____

B. À six heures ce soir. But today, David has some problems. Use the **futur antérieur** to say what he will not have done by 6:00 this evening.

Modèle   ne pas écrire à mes grands-parents
              À six heures, je n'aurai pas encore écrit à mes grands-parents.

1. ne pas étudier pour mon examen de chimie demain

   _____

2. ne pas faire d'exercice

   _____

3. ne pas ranger ma chambre

   _____

4. ne pas rendre les livres à la bibliothèque

_____

5. ne pas aller au musée

_____

6. ne pas me raser

_____

7. ne pas sortir de la chambre

_____

C. Avant janvier. Stéphanie Caron has lots of projects to finish before the end of the year. Use the **futur antérieur** to say what she will have done before January.

Modèle   trouver un travail à Paris
              Elle aura trouvé un travail à Paris.

1. déménager

_____

2. apprendre le karaté

_____

3. voir Paris

_____

4. arrêter de travailler comme vendeuse

_____

5. partir pour Paris

_____

6. se séparer de son petit ami

_____

D. La vie en rose. Vincent Dubois thinks everything is going well. But that's only because he doesn't know what's going on! Use the **plus-que-parfait** to say what it is that Vincent wasn't aware of.

Modèle   Vincent Dubois ne savait pas que (sa femme / décider de / faire un voyage en Espagne).
              Vincent Dubois ne savait pas que sa femme avait décidé de faire un voyage en Espagne.

1. Vincent Dubois ne savait pas que (son père / se marier avec / Paulette Gilmard).

_____

2. Il ne savait pas que (sa fille Céline / partir / avec des copains pour voir le Tour de France).

_____

3. Il ne savait pas que (son fils Jean-Marc / commencer à / jouer du violon).

_____

4. Il ne savait pas que (sa sœur Béatrice / trouver / un travail au Canada).

_____

5. Il ne savait pas que (son neveu, Cédric Rasquin, / décider de / habiter avec eux).

_____

E. Qu'est-ce que Vincent aurait fait? Use the **conditionnel passé** to say what Vincent would have done if he had known what was going on.

Modèle   Si Vincent Dubois avait su que sa femme pensait faire un voyage en Espagne *il lui aurait dit de ne pas y aller sans lui.*

1. Si Vincent Dubois avait su que son père allait se marier avec Paulette Gilmard…

_____

2. Si Vincent Dubois avait su que sa fille Céline partait avec des copains pour voir le Tour de France…

_____

3. Si Vincent Dubois avait su que son fils Jean-Marc commençait à jouer du violon…

_____

4. Si Vincent Dubois avait su que sa sœur Béatrice allait travailler au Canada…

_____

5. Si Vincent Dubois avait su que son neveu, Cédric Rasquin, pensait habiter avec eux…

_____

F. Et vous?   Here are some reactions to life events. What would *you* have done?

Modèle   Robert avait besoin d'une voiture pour aller au cinéma. Il a pris la voiture de son frère—mais il ne lui a rien dit. Et vous?
   Oui, j'aurais pris la voiture. Non, je ne l'aurais pas prise. etc.

1. Mme Verdier a trouvé le journal intime *(diary)* de sa fille Carine et elle l'a lu. Et vous?

_____

2. Candide avait besoin de crayons et de stylos chez lui. Il en a pris dans le bureau de son patron. Et vous?

_____

3. Jean-Luc a téléphoné à la petite amie de son camarade de chambre, Paul, pour lui dire que Paul sortait avec une autre fille ce week-end. Et vous?

_____

4. Marc a visité la ville où habitaient ses grands-parents et il ne leur a pas rendu visite. Et vous?

_____

5. Catherine a dit à son père qu'elle passait la soirée chez une copine. Mais elle est allée danser. Et vous?

_____

Le passé simple

G. Au passé simple. The following is the beginning of a **conte populaire de Basse-Bretagne**. First, read it over quickly. Then read it again and underline all the verbs in the **passé simple**. Finally, rewrite these verbs in the **passé composé.** The first one is done for you. If you want to read the entire story, ask your instructor. It is in the **Instructor's Resource Manual** for *VOILÀ!*

LES NEUF FRÈRES
métamorphosés en moutons
et leur sœur

Il y avait une fois neuf frères et leur sœur, restés orphelins. Ils étaient riches, du

reste, et habitaient un vieux château, au milieu d'un bois. La sœur, nommée Lévénès, qui

était l'aînée des dix enfants, <u>prit</u> la direction de la maison, quand le vieux seigneur
                                 a pris
mourut, et ses frères la consultaient et lui obéissaient en tout, comme à leur mère. Ils

allaient souvent chasser, dans un bois qui abondait en gibier de toute sorte.

Un jour, en poursuivant une biche, ils se trouvèrent près d'une hutte construite avec

des branchages entremêlés de mottes de terre. C'était la première fois qu'ils la voyaient.

Curieux de savoir qui pouvait habiter là-dedans, ils y entrèrent...

F.M. Luzel: *Contes populaires de Basse-Bretagne*

H. Un conte de fées. Underline the verbs in the **passé simple.** Then rewrite them in the **passé composé.** The first one has been done for you.

Barbe-Bleue était un homme dangereux qui tuait ses femmes et gardait leur corps dans une pièce

de sa maison. Un jour, il <u>se maria</u> avec une jeune fille très jolie. Il lui donna une clé, lui montra une
                            s'est marié
porte et lui dit que la clé ouvrait la porte mais qu'elle ne devait jamais l'ouvrir. Tous les soirs, il

vérifiait la clé. La jeune femme était très curieuse. Un jour que Barbe-Bleue n'était pas là, elle ouvrit

la porte. Et qu'est-ce qu'elle vit? Toutes les femmes mortes de Barbe-Bleue. Elle eut très peur et ferma

la porte tout de suite. Mais quand elle découvrit qu'il y avait une tache *(stain)* sur la clé, elle sut que

son mari allait la tuer aussi.

Le participe présent

I. Trouvez les participes présents. Underline the present participles. Then give their infinitives. The first one has been done for you.

<u>Étant</u> paresseux, j'adore ne rien faire et rêver à la vie idéale. Je me vois sur une plage, lisant un livre tout en
être

écoutant de la musique. Je me vois prenant l'apéritif à une terrasse de café et parlant avec un ami tout en regardant

passer les gens. Je me vois à une soirée dansante, buvant de la sangria et dansant toute la soirée. Je me vois dans un

parc, me promenant avec mon chien et jouant au frisbee avec lui. Quelle vie reposante et agréable ce serait!

L'infinitif

J. Les conseils du psychologue. A psychologist gave Alceste the following advice. Complete what he said with **à, de,** or an X for nothing.

Vous devriez _____ sortir plus souvent. Vous pourriez _____ aller au cinéma pour voir des films

comiques, par exemple. Je sais que vous aimez _____ faire la cuisine. Invitez vos amis _____ manger chez

vous! Essayez _____ ne pas penser tout le temps à vos problèmes. Dites à vos amis _____ sortir avec vous.

Commencez _____ faire du sport. Et n'oubliez pas _____ aller _____ dormir tôt tous les jours. Vous devez

_____ dormir huit heures par jour.

Les pronoms relatifs *dont* et *ce dont*

K. À la recherche des phrases simples. Find the simple sentences from which the complex sentences might have been constructed.

Modèle   Voilà le café dont Paul a souvent parlé.
           Voilà le café. Paul a souvent parlé de ce café.

1. J'ai trouvé le dictionnaire dont j'avais besoin.

   _____

2. Le policier dont vous m'avez parlé vient d'arriver.

   _____

3. C'est une fille dont je ne me souviens plus.

   _____

4. Attention! Voilà le chien dont tu as peur!

   _____

5. Ma sœur a finalement acheté la robe dont elle avait envie.

   _____

6. C'est la jeune fille dont je connais les parents.

   _____

L. Rêves, peurs, secrets, envies... Complete each sentence according to your own experience.

1. Ce dont les professeurs ont envie, c'est...

   _____

2. Ce dont les étudiants ont peur, c'est...

   _____

3. Ce dont le monde a besoin, c'est...

   _____

4. Ce dont je ne peux jamais me souvenir, c'est...

   _____

5. Ce dont j'ai peur, c'est...

   _____

6. Ce dont j'ai besoin, c'est...

   _____

7. Ce dont j'ai envie, c'est...

   _____

Les pronoms démonstratifs

M. Les goûts de Paulette. Paulette is telling Jacques about what she likes and dislikes. Replace each noun in italics by writing the demonstrative pronoun above the noun.

Moi, j'aime les films qui me font rire, mais je déteste *les films* qui me font pleurer. Et la musique? J'adore la

musique de Mozart, mais je n'aime pas beaucoup *la musique* de Beethoven. Et les livres? *Le livre* que je préfère,

c'est «La Divine Comédie» de Dante...

N. Lesquels préférez-vous? Which ones do you like best?

Modèle   Vous préférez les films de Woody Allen ou les films d'Alfred Hitchcock?
        Je préfère ceux d'Alfred Hitchcock.

1. Vous préférez les enfants qui pleurent ou les enfants qui sont contents?

   _____

2. Vous préférez les livres de Stephen King ou les livres de Janet Dailey?

   _____

3. Vous préférez les gens qui fument ou les gens qui boivent?

   _____

4. Vous préférez la musique de Mozart ou la musique des Beatles?

   _____

5. Vous préférez les universités où on travaille ou les universités où on s'amuse?

   _____

Les pronoms possessifs

O. On choisit. Alceste and Candide are getting ready for a day in the country and they're deciding what they're going to take. Replace the words in italics by possessive pronouns. Then decide which item will be taken and say why.

Modèle   On prend nos couverts ou *leurs couverts?*

On prend nos couverts ou les leurs? On prend les nôtres parce qu'ils sont plus beaux!

1. On prend leur voiture *ou notre voiture?* _____

_____

2. On prend mes clés ou *tes clés?* _____

_____

3. On prend ta radio ou *ma radio?* _____

_____

4. On emmène tes amis ou *mes amis?* _____

_____

P. Mettez des pronoms. Rewrite the following paragraph replacing nouns with either possessive or demonstrative pronouns. You do not have to replace all nouns. Be sure to reread your paragraph to make sure that you haven't taken out too many nouns!

Un après-midi à la plage

Dimanche, on est allé à la plage avec Serge, Brigitte, Mathieu et Caroline. On a pris la voiture de Brigitte. Brigitte, c'est la copine de Mathieu, et Caroline, c'est ma copine. La copine de Serge devait étudier, alors elle n'est pas venue. Brigitte et Mathieu avaient leur radio parce qu'ils voulaient écouter un match de football mais Caroline et moi n'avions pas notre radio parce que nous préférons écouter la mer et les oiseaux. Nous avions des sandwichs. Mes sandwichs étaient délicieux, mais les sandwichs des autres n'étaient pas très bons. Alors ils ont mangé mes sandwichs! Serge et Mathieu avaient de la bière, mais la bière de Mathieu était chaude, alors on a bu la bière de Serge.

À quatre heures, on a décidé de rentrer, mais où étaient les clés de la voiture? Serge avait ses clés, j'avais mes clés, Mathieu avait ses clés, Caroline avait ses clés, mais Brigitte n'avait pas ses clés! On a cherché partout mais on n'a pas trouvé les clés de Brigitte. Enfin, on a regardé dans la voiture et les clés étaient à l'intérieur mais les portes étaient fermées. On a dû rentrer à pied!

_____

_____

_____

_____

_____

_____

_____

_____

_____

_____

_____

_____

_____

_____

_____

_____

_____

L'ordre des pronoms d'objet

Q. Trouvez les noms! Rewrite each sentence, replacing the pronouns with appropriate nouns.

Modèle   Jérôme lui en a parlé.
              Jérôme a parlé de ses problèmes à son frère .

1. Ma mère la lui a écrite.

_____

2. Le professeur les leur a vendus.

_____

3. Thierry l'y voit tous les jours.

_____

4. Donnez-leur-en.

_____

5. Ne les lui donne pas!

_____

R. Et les pronoms? Rewrite each sentence replacing the words in italics by pronouns.

1. Jalil a envoyé *des cartes postales à sa sœur.*

_____

2. Nous allons voir *nos parents en ville* demain.

_____

3. Linda nous donne *des gâteaux* tous les matins.

_____

4. Donnez-moi *ces photos-là* s'il vous plaît.

_____

5. Ne me parlez plus *de tout ça!*

_____

6. Malika a enfin *dit la vérité à sa mère.*

_____

La place des adjectifs

S. À la télévision. The following things were heard on French television. Give the English equivalent.

1. Mes chers amis, je vous promets…

   _____

2. Pauline, ne me quitte pas! C'est vraiment la dernière fois… Attends, je suis sérieux…

   _____

3. C'est vraiment tragique. Les pauvres Martin ont tout perdu.

   _____

4. Pour avoir les mains propres, utilisez le savon Paradis.

   _____

5. À la même heure demain soir.

   _____

6. Une interview avec une des grandes femmes de notre temps.

   _____

T. Au café. The following are some fragments of conversation overheard at a café. Complete them by putting one of the adjectives from the list in *either* the blank before the noun *or* the blank after the noun. An adjective may be used more than once. Be sure to make the adjectives agree with their nouns.

dernier / pauvre / même / cher / propre

1. — Écoute, arrête! On dit la _____ chose _____.

   — Mais non. Moi, je dis que M. Camhi est très intelligent. Toi, tu dis qu'il est _____

   l'intelligence _____. C'est différent.

2. Le _____ homme _____. Il est malade et il a perdu son travail.

   Puis, il a des parents sans argent et une _____ femme _____

   aussi.

3. Rien ne change! C'est toujours la _____ chose _____!

4. Il n'y a rien à faire. Lui, il veut toujours avoir le _____ mot *(word)*

   _____.

5. C'était la _____ semaine _____ . Tout était tranquille, et puis

   tout à coup, ils m'ont téléphoné et puis… mais tu connais l'histoire.

6. Mais si, c'est vrai! Je l'ai entendu de mes _____ oreilles _____.

7. Alors, c'est fini. D'abord, ils ont acheté un appartement. Puis, ils ont acheté une _____

   voiture _____, puis elle a perdu son travail et lui aussi!